浙水遗韵

山川丽水

《浙水遗韵》编委会 编

杭州出版社

图书在版编目（CIP）数据

山川丽水 / 《浙水遗韵》编委会编. -- 杭州 : 杭州出版社，2022.12(2023.6 重印)

（浙水遗韵）

ISBN 978-7-5565-1949-1

Ⅰ. ①山… Ⅱ. ①浙… Ⅲ. ①水－文化遗产－介绍－丽水②水利工程－文化遗产－介绍－丽水 Ⅳ. ①K928.4 ②K878.4

中国版本图书馆CIP数据核字（2022）第214363号

山川丽水

Shanchuan Lishui

《浙水遗韵》编委会 编

责任编辑 杨 凡 徐一帆
装帧设计 魏君妮 马圣燕
美术编辑 章雨洁
责任校对 陈铭杰
责任印务 王立超
出版发行 杭州出版社（杭州市西湖文化广场32号6楼）
电话：0571-87997719 邮政编码：310014
网址：www.hzcbs.com
印 刷 浙江国广彩印有限公司
经 销 新华书店
开 本 710mm×1000mm 1/16
印 张 17.75
字 数 281千字
版印次 2022年12月第1版 2023年6月第2次印刷
书 号 ISBN 978-7-5565-1949-1
定 价 98.00元

《浙水遗韵·山川丽水》
编纂委员会

《浙水遗韵》丽水分册编撰委员会办公室

总序

一

鸿蒙上古，洪水肆虐；海晏河清，安澜浙江。

穿越时空，谁能证明那些被折叠在山水尘土中的沧海桑田？穿透岁月，谁能唤醒那些活跃在绚烂长河中的生命伸张？带着问题，一场特别的文化巡礼拉开帷幕。当时的一座坝，现在的一个谜，一些润物耕心的洗练，一切高岸深谷的变迁，都成了这场水文化之旅中的奇妙体验。

浙水文化起源自先民对水的最早认识和适应，嬗变在碰撞中发生，也在融合中沉淀。上山遗址出土的炭化稻米遗存，照射出一万年前水与稻作农业的交融。跨湖桥遗址保存的独木舟，荡起了八千年前向水而生的文明涟漪。河姆渡遗址的水井和干栏式建筑遗迹，见证了早期聚落取水、避水的杰出创造。良渚古城遗址的外围水利系统，奠定了五千年前良渚文明的兴起。

如果说浙江早期文明是点点繁星，那么由于水的涵养滋润，繁星最终汇成了壮丽天河。在这些星辰浩渺的水文化碎片中，我们见到了一个又一个历史的细节，看到了我们祖先逐渐铿锵的文明步伐。

人称东南形胜的浙江，并非自古繁华，今日之繁荣很大一部分得益于水利建设的发展与完善。在历代的治水实践中，人们抵御洪潮侵袭，大兴蓄灌引排之利，变斥卤不毛之地为桑田粮仓，不断捍卫生存家园、拓展发展空间，使浙江逐步成为宜产、宜业、宜居、宜游、宜学的民丰物阜之地、山川秀丽之境、文明礼仪之乡。

二

孜孜不倦，久盛长兴。如今，浙水遗韵，绵延于山海之间，回荡在浙江大地之上。

西湖的疏浚，不仅保留了淡妆浓抹总相宜的湖光山色，更可灌溉周边千亩良田，哺育出钱塘繁华，“参差十万人家”。鉴湖的开浚，一度使山会平原“无荒废之田，无水旱之岁”。溇港体系的建成，使太湖南沿沼泽上松软的涂泥成为适宜耕种的沃土，从此“山从天目成群出，水傍太湖分港流”，桑基鱼塘、丝绸之府、鱼米之乡成为湖州名片。白沙溪三十六堰、姜席堰的修筑，使得金衢盆地“每岁禾田无旱日，此乡农事有余秋”，成为浙中粮仓。通济堰、松阴溪古堰群的兴建，成就了碧湖平原和松古平原的殷实富饶。它山堰的兴建，灌田数千顷，使鄞西平原成为浙东重要产粮区，“一朝堰此水，千载粒吾民”。

始建于东汉的东苕溪西险大塘，经历代增筑，昂然屹立一千八百余年，是杭州城和杭嘉湖平原的重要防洪屏障。古处州、严州、衢州、临海、兰溪等地的防洪城墙，守护着临河古城的市井繁华。钱塘江海塘的兴修，使两岸杭嘉湖平原和萧绍平原免于咸潮侵害，成就了“苏湖熟，天下足”的经济格局。唐时“当今赋出天下，而江南居十九”，明代“浙东西又居江南十九”。清代乾隆帝六次南巡，四次亲巡海塘一线，足见海塘所系已不只是浙江，更是牵动整个国家的经济命脉。

慈溪、余姚等地历史上不断向外拓展的一道道海堤，将荒滩盐场变为农田桑麻之地，使得“从兹疆场水奠安，黍稷桑麻应郁然”。三江闸的兴建，集挡潮、蓄淡、排涝诸功能于一身，重整了河口灌排水系，使鉴湖湮废后的萧绍平原得以复兴。椒江河口右岸在千百年里以层层外推的十多条海塘，演绎着向海而生的勇毅。金清闸、新金清闸、金清新闸的迭代演进，八百年间蓄淡、御咸、排涝，成就了温黄平原的繁盛。

京杭运河和浙东运河的凿通，为商贾繁盛提供了舟楫之便，促成了杭州区域中心城市的崛起。温瑞塘河打通了东瓯动脉，促进内外物资、文化的交流，成就了温州山水人文城市的佳话。沿衢江、新安江、瓯江、甬江等水系及各支流星罗棋布的古埠渡口和码头，转运着人员物产，激荡着时代风云，思想、风气往往得天下之先，浙江商帮由此走向全国，走出海外。

遍布于浙江山区、平原、海岛的近六千处古井，解决了人们日常饮食起居的水源供应。看似原始简单的水井，有效地支撑了人们向艰苦环境的拓殖，支撑起各地乡村、城市的发展与繁华。

三

跃动于灵感之上，传承着古人治水的智慧与思想。它山堰、通济堰等巧妙的堰底倾角与拱形设计，龙游“南堰北塘”的格局体系，得益于治水技艺的传承与创新，古老的工程历经沧桑仍发挥效用。龙现梯田十三闸分流引水，蜀墅塘的三枧九圳分水体系，科学合理的水事制度，有力保证了农业生产，也维护了社会稳定。这些智慧的灵光记载于卷帙浩繁的水利文献典籍、丰富广布的石刻碑记之上，启迪着后人。

洋溢于点滴之中，塑造着浙江的气质禀赋和精神风貌。由水衍生出的民俗仪式和神话传说，寄托了人们对生活的美好向往：分布广泛的“大禹庙”，表达了人们对治水英雄的纪念；踏塘、祭潮的民间仪式，象征着人们对风调雨顺、河清海晏的珍视；流传广泛的防风治水、钱王射潮传说，反映了艰苦卓绝的治水历程，颂扬了不屈不挠的奋斗精神。正是有了山清水秀、江河安澜，才有了生活的诗意，有了乐山乐水的闲暇与浪漫。

从水利工程到技术制度、从民俗仪式到神话传说，从物质到精神的一切，携带着历史的、科学的、艺术的、文化的基因，成就了璀璨夺目的浙江水文化宝库。浙江省水利厅于2021年组织开展了全省重要水文化遗产调查。历时两年，各县（区、市）调查团队遍检群籍、查阅史料，翻山涉河、深入现场，不辞辛苦整编成果，筛选出全省水文化遗产10000余项，其中5200余项纳入“浙江水文化”数字平台。我们从中精心选录800余项按11个地市编纂成书，以飨读者。有诗画杭州、清丽湖州、水印嘉兴交织出的如画诗境，有源起衢州、水墨金华、山川丽水描绘出的绝代风华，有理水绍兴、安澜宁波、水定舟山传颂着趋利避害的治理传奇，有潮起台州、平水温州咏唱着催人奋进的山海长歌。

这些水文化遗产带着特定环境与时代的烙印，是跨越了时间的宝贵财富。当水流翻过古老的堰坝，当江潮拍打鱼鳞石塘，当余晖映红运河水道，当大禹祭典的钟鼓震颤长空，我们仍能感到迎面拂来的那阵暖风，吹来的是未泯的典范和当下的星空，还有无数个我们未完待续的如水诗篇。

目录

高峡平湖·灌溉工程

郭外人家·村落塔井

活水穿田·塘渠

松风排云·古城防洪

玉津飞虹·桥

桃墩琅玕·渡口

神鸦社鼓·治水祈雨

平章庙记·史志榜文

清赏堂前·碑刻

小部新声·习俗

紫绫册里·技艺

江南秘境　山川丽水

一

江南秘境，山川丽水。

浙江 11 个地市中，名字里带水的唯有丽水！

丽水古称处州，据《名胜志》记载：“隋开皇九年……处士星见于分野，置处州。”古人注重天地感应，讲究天人合一，在分州置郡时常常会观察天象，寻找空中对应的星辰，因而州名一般与星座有关。处州之名是因为丽水对应天上的少微星。少微星共有四颗星，最南的一颗名为处士星，所以就有了处州这个州名。至于丽水的得名，《大清统一志》说是“丽阳山在县北十里，上有龙潭、石室、天井，下环清溪，县名丽水以此”。另一种说法则认为跟治水有关，《元和郡县志》记载：“丽水本名恶溪，以其湍流阻险，九十里间五十六濑，名为大恶。隋开皇中，改为丽水，故皇朝因之以为县名。”总而言之，都是与水有关。

丽水境内的县级建制始于东汉建安四年（199）的松阳县。隋开皇九年（589）建处州，后改为括州、永嘉郡等。唐大历十四年（779）复称处州。元至元十三年（1276）改为处州路，至正十九年（1359）改安南府，旋改处州府。明景泰三年（1452）起，处州府辖丽水、龙泉、松阳、缙云、青田、遂昌、庆元、宣平、云和、景宁十县。此后的 548 年间，原处州区域历经分、合、撤、并，至 2000 年，

黎明时分的通济堰 / 程巩胜　摄

丽水市辖莲都、龙泉、青田、缙云、云和、庆元、遂昌、松阳、景宁九县（市、区）。

如今的丽水市，地处浙江省西南部，是个“九山半水半分田”的内陆山地城市。山脉属武夷山系，主要有仙霞岭、洞宫山和括苍山，最高的龙泉凤阳山黄茅尖海拔 1929 米，为浙江省第一高峰；最低处为青田温溪镇，海拔仅 7 米。地势自西南向东北倾斜，地貌以中低山为主，间有丘陵和中小面积河谷平原，较大的有松古平原、碧湖平原、壶镇平原等。

丽水境内有瓯江、钱塘江、闽江、赛江、飞云江、椒江等六大水系，其中瓯江为全市第一大江，自西向东蜿蜒过境，流域面积占全市总面积的 78%。这里“山是江浙之巅，田是诗画田园，水是六江之源”，有着“江南秘境”的美誉，具有丰富的水韵内涵。与杭嘉湖的水网密布、宁温台的面向大海不同，丽水人骄傲的是源头活水、山清水秀。

虽说是“九山半水半分田”，但丽水群峰叠嶂、涧深流急，是瓯江、椒江、飞云江、闽江、灵江和福安江的源头。浙江省的第二大江瓯江就发源于庆元、龙泉两县交界处，百山祖西北麓的锅帽尖；浙江第三大水系椒江发源于仙居与缙云交界处，海拔 1184 米的天堂尖；浙江省第四大河流飞云江发源于景宁畲族自治县的白云尖。

水是万物之源、生命之本，丽水的目标就是将一江秀水送出丽水，让下游百姓也能得到“丽水”的滋养，让“丽水”之称名副其实。水利万物而不争，水丽一方而不喻。仁者乐山，智者乐水，取名丽水，正蕴含着山水的智慧。

虽说是九山半水半分田，但这半分水却已经做出了锦绣文章。说到水，丽水人骄傲于自己的水好！高山深谷出好水，丽水 96 个监测断面中，达到Ⅰ—Ⅲ类水质断面的有 95 个，数量位居全省第一。丽水人对水也非常挑剔，清晨的白云山上，接水的队伍每天都排得很长，在丽水人看来，这里的山泉水比任何矿泉水都要好喝。前几年，浙江一家电视台策划了一个活动，寻访可以游泳的河流，好多地方的领导担心自己辖区内的河流水质被曝光，唯独丽水的领导心里很踏实，丽水的河流不仅全都可以放心地游，不少河水甚至可以放心地喝！

丽水的生态环境在浙江绝对是一枝独秀的。想当年，宋朝的状元王十朋在游完缙云仙都后，写下了“厌看西湖看鼎湖”的诗句，另一位状元沈晦感叹“唯此桃花源，四塞无他虞”，毅然举家搬迁到了松阳。今天，丽水市的水质量、空气质量在全省遥遥领先，森林覆盖率甚至达到了 80%。丽水城在水中，水在城中，城在绿中，绿在城中，处处体现着“绿水青山就是金山银山”的哲理。

二

天佑丽水，善事其水。

丽水之所以水好，是因为千百年来，丽水人一直走在“治水”的道路上。

独特的地理位置和自然环境，决定了水利是丽水发展的必然选择。丽水的治水历史十分悠久，水韵古迹众多，水文化积淀丰富：境内的缙云古方塘始建于三国东吴赤乌二年（239），是瓯江流域最古老的水利灌溉工程；通济堰始建于南朝梁天监四年（505），是中国古代五大水利灌溉工程之一，首创了最早的拱形大坝和最早的水上立交桥两项“世界之最”，2014 年入选首批世界灌溉工程遗产名录；唐乾元二年（759），缙云县令李阳冰祈雨有应，亲撰《城隍庙碑》，成为江南地区祈雨习俗的重要历史文献和中国书法史上的重要瑰宝；唐大中九年（855），处州刺史段成式主持修堰，一改水害严重之“恶溪”为惠泽百姓之“好

大洋水库晨曦 / 吕武鸿　摄

溪”，好溪堰也因此成为丽水盆地的“母亲堰”；宋靖康元年（1126）修筑的云水渠引蒋溪堰水进城，沿西街穿越龙泉城区，造福至今；绍兴十四年（1144）刻于南明山高阳洞的瓯江洪灾题刻，为研究瓯江流域的洪水历史提供了重要资料；形成于宋代的龙泉“金村码头”是“海上丝绸之路”在瓯江流域的重要内陆节点，盛极一时；同样建于宋代的莲都梁村独石桥由一块重达数万斤的巨石架设而成，横跨于宣平溪支流的渥溪之上，民间唤其为“神仙桥”；始建于宋、元间的青龙、白龙二堰，横卧于松阴溪之上，灌溉着号称“处州粮仓”的松古平原；溪流筑堰、山腰筑埂、开渠引水、竹笕自流、自然生态的云和梯田，开发于唐初，兴于元明，至今仍被誉为“中国最美的梯田”；建于明代的刘坊水碓（又名“老鹰嘴”）是瓯江流域水障工程的杰出代表，其设计科学、工艺精细，集中反映了丽水先民独特的治水智慧；建于明代的英川堰，集防洪、供水、排水、消防等功能于一体，设计功能十分齐全，为研究浙南山区水利工程建设提供了不可多得的范例；始建于清康熙年间的天后宫码头，曾经是乌溪江上游的常年口岸，其所在地王村口因此得了“小上海”的美誉；始建于清代的龙现“十三闸”引

千工渎之水灌溉龙现千亩梯田，凸现了古代处州稻田引灌公平机制的山区生产民俗，稻鱼共生的龙现梯田灌溉和生态系统更是全球农业文化遗产的保护项目。可以说，一部丽水发展的历史就是一部丽水先民的治水史。

自古以来，人们“择水而居，依水而筑”，治水就是为了生存与生活。今天的丽水，至今还保留着众多的水韵古村。始建于吴越国宝正七年（932）的河阳古村，古堰、古渠、古塘、古井、古桥、水碓等水利设施俱全，还有防洪墙、气象钱等独有的水韵元素；发祥于宋代的月山村，有现存寿命最长的如龙桥，素以“碧水绕村”“举溪八景”而闻名。丽水的这些水韵古村落是目前国内保存最为完整、最为原生态的山区民居点，被誉为最后的“江南秘境”。而滋养这些“江南秘境”的正是那一泓一泓的“丽水”。

三

以水为金，其命唯新。

水利是农业的命脉。丽水虽然降水量较为丰沛，但降水分布不均匀同样限

英川堰渠系

制着农业生产的发展。而丽水“九山半水半分田”的现状，使土地更加金贵，人们对提高土地的利用率、改变“雨养农业”的被动局面更加渴望。于是，“堰坝为核心”的灌溉工程应运而生，直到今天仍然滋养着丽水大地。在松阴溪、好溪等大大小小的河流上，众多堰坝星罗棋布，“载于郡县志者近千道”，滋润和支撑着农业经济，演绎着一座堰坝造福一方的浙南传奇。与堰坝配套的渠、塘是用来引水灌溉的水道，其源头多为河流堰坝壅水之处。塘是蓄水之处，湖塘与渠道相连，用于存储堰坝的余水，以备不时之虞。随处可见的堰、坝、渠、塘，构成了浙南山区独特的灌溉工程体系。

丽水的先民们因地制宜、因势利导地筑堰拦水、开渠引水、建堤挡水、挖塘蓄水、改田保水、打井取水，展现了高超的治水智慧。

——筑堰拦水。《广雅》云：“堰，潜堰也，谓潜筑土以壅水也。”堰，是一种建在河流上的壅水建筑物，用以拦截水流、抬高水位、调节水量。丽水境内堰坝的修筑自通济堰始创，迄今已有1500多年的历史。堰坝的建筑材料均取之于自然，按材料分有木筏坝、竹笼坝、石砌坝（大多石砌坝是在原竹木坝的基础上改进而成的）。按堰坝的形制分有拱形坝和线形坝。线形坝是瓯江一带堰坝最常见的形式，拱形坝则为世界首创。古往今来，丽水先民们在瓯江流域浚河筑堰、依势挖渠、借水惠民，至今还保留着自南北朝至清代的古堰200余处，如通济堰、好溪堰、屡丰堰、白龙堰、芳溪堰、金梁堰、青龙堰、午羊堰、神坛堰、上江堰、广济堰、清宁堰、桑潭堰、永济堰、金丝堰、蒋溪堰、支奥堰、英川堰、道化堰、五都堰、赵公堰等。

——开渠引水。“问渠哪得清如许，为有源头活水来。” 渠，通常是指人工开凿的用来引水排灌的水道。在浙西南地区，“渠”与“堰”同义，如通济堰也称通济渠，好溪堰又称好溪渠，蒋溪堰又称云水渠。在文献记载中，“堰”与“渠”基本通用，民间约定俗成的定义则是障水坝为“堰”、引水道为“渠”。

——建堤挡水。“加意堤防，自能久安长治。”丽水地处江南一隅，历来饱受洪水肆虐之苦，先民们自古就有筑堤御洪、保护家园良田的意识。历史上这一带的堤防工程主要分三类：一是有功能相对单一的防洪堤（俗称“埬”），如对正堤、力溪堤、马渡堤等；二是有综合功能的护城堤（俗称“城墙”），具有防洪、军事、防盗等功能，历史上处州所辖十个县，修筑有城墙的只有处州府、青田县、庆元县等三地；还有功能特异的障水堤，就是通过改变水势流向以达到防洪目的的水障工程，如保护处州府城的小水门水障、通济堰上游的护堰水障、龙泉安仁为保护永和桥而修筑的“刘坊水砣”等。在众多古堤中，尤以“温溪榕堤”最具特色。始建于宋徽宗时期（1101—1125）的温溪榕堤，埠埠相连、埠堤结合，埠埠有榕、以榕固堤，形成较为完整的生态、景观、防洪体系。

——挖塘蓄水。古代蓄水主要靠湖塘。丽水营造湖塘的历史可追溯到三国吴赤乌二年（239）的缙云古方塘，被誉为“处州第一塘”。古时，丽水的“三大平原”湖塘众多，尤其是碧湖平原。碧湖平原上的湖、塘是在天然的湖泊、河流及洼地的基础上，为了储水灌溉和生活洗涤的需要开挖而成的。南宋绍兴八年（1138），赵学老绘制的《丽西通济堰图》中就明确标有白湖、赤湖、何湖、汤湖、李湖（里河）、横塘湖、横塘、莲河、毛塘、沙塘等。

——改田保水。梯田是在丘陵山坡地上沿等高线方向修筑的条状阶台式或波浪式断面的田地，是治理坡耕地水土流失的有效措施，蓄水、保土作用显著。丽水境内梯田众多，最著名的有云和梯田、龙现梯田等。

——打井取水。孔颖达疏：“古者穿地取水，以瓶引汲，谓之为井。”水井是一种从地面往下凿成的能取水的深洞，传说发明水井的人是远古的伯益，在此之前人类只能生活在有地表水或泉水的地方，水井的出现结束了人类必须临水而居的历史，逐渐形成“聚井而居”的生产生活方式。先民们通过生活实践，不但懂得挖井取水，更认识到井水比地表水更为清洁卫生，所以三国时代的刘熙在《释名》中说：“井，清也，泉之清洁者也。”“乡井”和“市井”长期以来成为人们聚居地的代称。

丽水地处山区，受困于高山阻隔，陆路交通颇不发达，幸亏拜天所赐，辖区内河网密布，四通八达。因此，丽水自古便以河流为交通孔道，渡口、码头格外多，津渡成为瓯江主干流与支流上的主要交通设施，是处州走上“海上丝绸之路”贸易发展快车道的重要条件。

渡口乃河湖岸边以上下人为目的的路运与水运转换之设施；码头则是以货物装卸为主，兼顾行人往来的水运与陆运转换设施。以码头、渡口为主的津渡文化正是水乡泽国水运发达的特质。一般来说，津渡位置的选取，从地理位置上来说，选在交通要道与主干河道的交汇处，尽可能保证多数人出行的便利性；而从水文特征分析，津渡的选址往往在河道水流平缓、水位较深之处，一来便

大港头渡

于旅客的上下，二来便于船舶的停靠。码头形成后，就有了越来越多的人流、物流、信息流，随之必然有满足人们衣食住行诸多需要的各种服务行业跟进，从而促使集镇的诞生。松阴溪、龙泉溪与大溪交汇处的大港头，早年间也不过是个山间渡口，自隋唐起，逐渐成了瓯江上游六邑之舟船必经的大码头，进而成为浙南闽北一带物资商品的集散中心，商铺、钱庄、客栈在码头两旁鳞次栉比，在民国时期更是有了“小香港”之誉。

丽水人既赖此水路，对水文之崇尚自然也就深入人心，逢河修埠，遇水架桥，巧用水能，治水留痕，极大地丰富着丽水的水文化。

丽水境内古桥众多，形式种类各异，主要有碇步桥、石梁桥、木廊桥等。碇步桥又称跳岩，是一种最原始的渡河工具，它是将形状大小基本一致的石块在水中排列成道，石块之间相隔约一步的距离，形成碇步后供行人过往。在一些石材较为丰富的地区，人们又在碇步上放置石板，而碇步多建在拦水堰上，因此桥堰一体，既有过水桥的功能，又起拦水堰的作用，平常水流从堰上过，雨季洪水从桥上流。最著名的碇步桥有缙云仙都板堰及望峰、练溪、松洲、济川的碇步桥。石梁桥是最普通最常见的一种桥，仅碧湖平原的通济堰水系内现

安仁花庵碇步 / 邓小萌　摄

存的古石桥就有 50 余座，最具代表性的是莲都梁村的河桥。木廊桥则是浙西南地区的一大特色，其历史悠久，文化渊源深厚。处州十县均有廊桥，尤其以庆元、景宁、龙泉为多。2013 年，丽水境内具有代表性的 24 座廊桥与之前公布的庆元如龙桥合并为“处州廊桥”，被评为全国重点文物保护单位。

丽水的水能利用起源于水车、水磨、水碓等水力机械。最早提到水碓的是东汉桓谭的《新论》:“宓牺（伏羲）之制杵臼，万民以济。及后世加巧，因延力，借身重以践碓，而利十倍杵臼；又复设机关，用驴骡、牛马及投水而舂，其利乃且百倍。”这里讲的“投水而舂”，就是水碓。20 世纪 40 年代之前，水力资源开发利用的主要方式是兴建“水碓”，用于舂米、磨粉、榨油等，当时的山区村落都会用水碓。据不完全统计，仅云和县境内的浮云溪、梧桐坑就曾建有水碓 130 座，遂昌县境内的松阴溪上建有水碓 155 座，在民间有“进村看水碓，进户看咸菜”之说。民国时期，丽水还利用水碓发电，开启了水力发电的先河。民国二十九年（1940）动工，翌年三月建成发电的太平汛水电站（装机容量 14 千瓦），为浙江境内兴建的第一座水电站。到 20 世纪 60 年代，丽水的水电站建设已从小到大、从少到多；20 世纪 70 年代，丽水的盘溪梯级电站开启“一水多用，梯级开发”的盘电模式，闻名于世；20 世纪 80 年代末，丽水实现了农村初级电气化。如今，水电已成为丽水重要的支柱产业，2006 年被水利部命名为“中国水电第一市”，形成特色鲜明的山区水能利用样板，享誉世界。

四

水文化遗产是老祖宗留给我们的宝贵财富，是历代先辈治水智慧的结晶。丽水在浙江尚属经济欠发达地区，但在水利和水文化建设上却不甘人后。从 2017 年开始，丽水市率先以区（县、市）为单位开始全面推进水文化遗产普查工作，对涉水方面的古堰、古堤、古塘、古井、古桥、古渡口、古村落、祭水古庙以及相关的水利碑刻和水事榜文进行全面盘点，基本查清了全市 1800 余处水文化遗产的分布情况、基本数据、保存环境和传承情况，并编成水文化遗产名录。2021 年，通过进一步调查、挖掘，梳理形成 360 处重要水文化遗产，同时成立了“丽水市瓯江水文化研究会”，完成了《通济堰志》的翻印工作及《处州水韵》《水韵古村》等书籍的出版工作，积极推进全市水文化建设。

丽水的水文化场馆建设也一直走在全省前列。有着 1800 多年县制历史的松阳，建成了全国首个县级水文化博物馆；曾以水运为主业的云和滩下，建成了瓯江流域唯一一座船帮文化展示馆；曾因“自力更生治水、战天斗地兴电”而享誉国内外的缙云，建成了大洋水库史迹陈列馆。

做好水文化遗产保护和传承，深入挖掘水文化遗产的历史价值、科技价值、审美价值、经济价值，为社会进步提供更多的水利元素、水利智慧，为全省乃至全国水文化建设奉献更多的丽水实践、丽水样板，是丽水水利人的时代使命和应尽职责。

“人丽水，水丽人”，丽水因水得名，也将因水而兴。

春水平堤·堤堰

作水平堤·堤堰

通济堰

首批世界灌溉工程遗产 首创『水上立交桥』奇观

通济堰位于丽水市莲都区碧湖镇堰头村旁的松阴溪上，始建于南朝梁天监四年（505），距今已有1500多年历史。通济堰是我国著名的古代大型水利工程之一，也是世界上最早使用拱形坝体的堰坝，首创“水上立交桥”奇观。2001年，通济堰被国务院批准列为第五批全国重点文物保护单位；2014年被列入首批《世界灌溉工程遗产名

云端上的通济堰 / 黄志武　摄

录》。整个通济堰水利工程，以及现存的历代碑刻、堰志等，都是研究我国古代水利工程的珍贵资料。

“通济堰”之名，文献中始见于北宋。北宋元祐八年（1093），处州知州关景晖所撰《丽水县通济堰詹南二司马庙记》是最早记载通济堰来历的文献：“丽水县皆并山为田，常患水之不足。去县而西至五十里，有堰曰通济，障松阳、遂昌两溪之水，别为大川，分为四十八派，析流畎浍，注民田二千顷。元祐壬申堰坏，命尉姚希治之。明年，帅群官往视其成功。旁有庙，曰詹、南二司马，不知何神？”后来“询诸故老”，得知是南朝梁时姓詹、姓南的两位司马始筑了通济堰，在唐代以前已基本形成完备的灌溉体系，灌溉面积已达“二千顷”。

碧湖平原呈狭长树叶状，地势西南高、东北低，落差 20 余米。通济堰就是根据这一地势规划营造的，大坝建在碧湖平原西南端海拔最高处，横截松阴溪，引水入渠。通济堰的上游集雨面积 3150 平方千米，平均每天将松阴溪拦入通济堰渠的水量达 20 万立方米，基本可供碧湖平原数万亩农田自流灌溉所用。另外，拱形大坝筑在松阴溪汇入大溪（瓯江）的位置。在洪水期，由于大坝受到瓯江回流的自然顶托之力，减弱了洪水带来的压力，增强了自身的抗力，因此千余年来通济堰大坝坝基一直没有变动，可见大坝选址之合理，具有极强的科学性。

通济堰是由拱形拦水大坝、通济闸（进水闸）、石函（三洞桥）、叶穴（淘沙门）、渠道、大小概闸、湖塘等组成的水利灌溉体系。

拦水大坝位于丽水市区西南 25 千米的瓯江与

石函（三洞桥）

松阴溪汇合口附近的堰头村。大坝的拱形设计较直坝加长了坝体，相应地降低了大坝的单宽流量，减少了水流对堰坝单位宽度的冲击力，具有较强的抗御洪峰的能力。同时，拱坝改变了溢过坝顶的水流的方向，使溪水沿拱坝圆心方向泄流，并相互抵消，减轻了对堰坝坦水护坡及坝下溪岸的破坏力度，使堰坝安然稳固。再则，拱坝与排沙闸共同作用，形成螺旋流，能排去水闸前的淤沙。这些优势让这个世界首创的拱形大坝成为世界水利史上的一个伟大创举，比西班牙人建于 16 世纪的爱尔其拱坝和意大利人建于 1612 年的邦达尔多拱坝早了 1000 多年。

通济堰的渠道呈竹枝状分布，由干渠、支渠及毛渠三部分组成，蜿蜒穿越整个碧湖平原。干渠始于拦水大坝上的通济闸，经堰头村、保定村，穿越碧湖镇和碧湖平原，流抵下圳，汇入瓯

ICID•CIID
INTERNATIONAL COMMISSION ON IRRIGATION AND DRAINAGE

Tongjiyan Irrigation Structure

located in the Oujiang River Basin / Songyinxi
Sub Basin in People's Republic of China
is hereby listed in the

ICID Register of
Heritage Irrigation Structures

for using the Arch Dam technology in the
early 6th century which was much ahead of its time.

Dr. Ragab Ragab
Chairman, Panel of Judges

Er. Avinash C. Tyagi
Secretary General

Dr. Gao Zhanyi
President

Presented at: 65th International Executive Council meeting
Gwangju, Republic of Korea, September 2014

通济堰获“世界灌溉工程遗产”证书

江，迂回23千米。干渠上又分凿出大小支渠48派（条）、毛渠321条。渠道上的水闸，当地称为“概”。通济堰很早就有概闸，用于节制、分水、退水。现存的大小概闸还有75座，它们依然发挥着分水调节的作用，使渠水能自动流入灌区内的各处农田。其中，通济闸为紧靠拦水坝的第一道闸，控制堰渠的总水流量，为全渠道的灌溉枢纽。位于概头村的开拓概，是通济堰渠上的一座中心闸，渠道由此分出东支、中支和西支；而开拓概和位于上阁村的城塘概又把渠道划分为上源、中源和下源。为了便于蓄水和排灌，各支毛渠除利用水闸拦蓄多余的渠水外，还配以众多的湖、塘、水泊与支、毛渠相通，其中以洪塘为最。洪塘位于保定村西北，“周九百二十三弓”（注：一弓为五尺，一尺约为33.33厘米，即一尺约为166.67厘米），塘内蓄水后可灌溉农田2000余亩。整个水利灌溉网络纵横交错、得体合理，形成了以灌为主、蓄泄相兼的水系布局。

通济堰拦河坝在宋代以前是由竹木笼盛土石堆砌而成的“木筱土砾坝”结构，由于不够坚固，

山清水秀 / 张少峰　摄

每年汛期都会被洪水冲毁，要在冬春重修，费力耗财。南宋开禧元年（1205），参知政事何澹奏请朝廷“为图久远，不费修筑”，调兵 3000 人，历时三年重建通济堰，大坝由原来的木筱结构改为砌石结构。为使其永固，造铁炉 36 座，用铁水灌入石坝缝隙中；施工时“巨松为基……于是且楗大木，运壮石，衡从次第压之”，即在卵石河床上铺设松木，其上铺砌巨石为基础，再以块石砌筑堰坝，以使大坝牢不可摧，至今已经 800 年溪水冲击的考验，仍然完好无损。何澹重建通济堰时，还在堰北进水口旁设冲砂闸，以防止坝上砂石淤积过高进入渠道；并在坝中部留过船缺口，以通航运。这样，通济堰就成了集蓄水、引水、溢流、冲砂、航运等功能于一体的水利枢纽，其坝址、工程形式及布置、结构材料后来基本未变。

松阴溪为山溪型河流，汛期洪水常挟带大量

泥沙冲入渠道。北宋元祐七年（1092），在进水口下游的干渠右岸建造了“拔沙门”一座，直通瓯江，平时闸门紧闭，汛期开闸排泄进入干渠的多余洪水和泥沙，又称“叶穴”，进一步保障了渠系安全。为防止大雨引发山洪，冲击、淤塞渠道，北宋政和元年（1111），丽水知县王禔又根据邑人叶秉心的建议，在距通济堰进水闸300米处，建造立体排水工程——“石函引水桥”，又称“三洞桥”。在堰渠上架设石函，将泉坑（涧）之水从渠上向南引出，注入溪中，渠水则从石函下向东流过，使涧水与渠水上下畅流，山洪与渠水立交互不干涉，堰渠不再淤塞。石函的建造不仅巧妙处理了泉坑水挟带砂石淤塞渠道的问题，而且结合泉坑石桥，很好地解决了堰渠、泉坑两岸的交通，被誉为世界上最早的“水上立交桥”。从此，山溪洪水可以从桥上顺流而下，渠水自桥下平稳穿过，使渠道“五十年民无工役之扰”。这种世界首创的水系立交工程，曾让国外的专家和同行叹为观止。

通济堰在历代均有修缮，1954年通济堰大修，是距今最近的一次系统性大修，坝体全部采用了混凝土砌块石，坝长、坝高也有增加。此后又经历了多次维修，现在灌区灌溉保证率已达到90%，抗旱能力提升到70天不下雨保丰收的程度，排涝标准提高到20年一遇暴雨一日排出的程度。

通济堰的历史沿革脉络清晰，明万历三十六年（1608）前就已经有旧版堰志藏于民间，今所见刊于清同治九年（1870）的《通济堰志》刊本分4册，约4万字，按时代先后汇集自宋以来的序、跋、碑记、告谕、堰规、文，基本反映了通济堰的发展沿革，为后人研究通济堰提供了珍贵的文字资料。而专门为地方性水利工程修志的情况，在我国历史上也极为罕见。

通济堰能沿用至今、功效不减的一个重要原因是它有一套严格的管理制度和经营体系。早在北宋元祐七年（1092），通济堰就有相关的管理章程出台。南宋乾道五年（1169），南宋政治家、著名诗人范成大在处州知府任上主持整修通济堰并制定了《通济堰规》，开创了通济堰管理有章可循的历史。范成大亲自制定并书写的堰坝章程也成为珍贵的水利历史文献。

通济堰还以其丰富的历史文化内涵衍生出千姿百态的民俗文化，其中最具代表性的双龙庙会至今遗存并每年举办。此外，灌区内的民间艺术还有处州乱弹、唱鼓词、翻龙泉、水上秋千、灯会等，其中处州乱弹是一种流行于丽水一带的汉族戏曲剧种，被列入浙江省非物质文化遗产扩展项目名录。

目前，古老的通济堰已经开发建设成“古堰画乡”景区。这里地处八百里瓯江最瑰丽的河段，瓯江和松阴溪深情相拥，青山、流水、古樟、老街、渡口相得益彰，坝旁的亭廊典雅壮观，岸旁的巨樟枝叶扶疏，呈现出一派古朴秀丽的景象。“古堰画乡”就是依托通济堰文化而演化出来的远近闻名的美术写生、摄影创作基地和生态休闲度假中心，是丽水市打造“艺术之乡、浪漫之都、休闲胜地”的文化品牌，让人感受到通济堰水文化的无穷魅力。

好溪堰

处州府的母亲堰

位于瓯江大支流好溪下游的唐代水利工程“好溪堰”是堪与通济堰齐名的古代水利工程之一。

好溪堰，又名好溪渠，位于丽水市莲都区岩泉街道堰头村马头山脚，唐宣宗大中九年（855），由处州刺史、《酉阳杂俎》作者段成式始建，距今已有近1200年历史。它与通济堰并称为“东西二堰”，至今仍然发挥着巨大作用，成为惠泽

好溪堰 / 潘贵铭　摄

丽水城东平原的母亲堰。

好溪，在唐代以前曾被称为“恶溪”，因其两岸岩山峭立、怪石嶙峋，处处险滩急水、礁石密布，过往舟楫动辄破碎倾覆，溺事频发，世人谓溪中多“水怪”，故称“恶溪”。李白有诗曰:“却思恶溪去,宁惧恶溪恶。咆哮七十滩,水石相喷薄。”然而恶溪虽恶，却是丽水赴省进京、东出温州的必经之路，自古便为处州要津。唐宣宗大中九年（855），段成式就任处州刺史后，决心治理恶溪。他用了四年时间，带领百姓浚滩排险、治理河床，确保舟船畅通。同时垒石筑堰、开渠引水，灌溉丽水城东平原，变水害为水利，变恶溪为“好溪”。而“好溪堰”之名，最早见于宋代思想家、文学家叶适的《朝议大夫知处州蒋公墓志铭》：“好溪堰旁山椿筱所聚，请于朝，禁席势冒佃者。”此后，好溪、好溪堰之名历代史志典籍相沿不改至今。

古人垒石为堰，将好溪水引入丽水城东平原（俗称天皇畈）河渠，灌溉18个村庄480公顷（7200亩）农田。好溪堰由拦水堰坝、进水口及稠密的河渠系统组成。好溪堰坝高6.5米，长225米，障瓯江主要支流好溪水，导引的溪水向西南流至浪荡口分坝，分为东、北两支河渠，干支流全长25.4千米，既可灌溉农田，又能通航舟楫和防洪排涝。

现在的好溪堰水利系统由拦水堰坝、渠道、进水闸、大小概闸、溢流坝、渡槽、防洪堤等不同类型的水工建筑物组成，其实好溪堰的堰渠水系是历代相沿并逐渐扩大的。从元至正十年（1350）至2020年，文献可查的较大的修建工程就有33次。2005年，加高好溪堰坝1米，增加调蓄水量30万立方米，同时拓宽好溪堰进水口，将单孔闸门改建为双孔。

好溪堰是一个以农业灌溉为主，兼有防洪排涝功能的综合水利工程，分东、北二堰。东堰自青林、社后、关下、奚渡出大溪。北堰自凉棚峡、上河坝，经九里，转西南过堰古一分为二：一自黑桥、南桥，合城中水达于李突头（下河一带）入大溪；一自黑桥到虎啸门外入城壕。1953年，将好溪水引入丽水城中，好溪始成为城中水系的主要组成部分。近年来，随着丽水城市化进程的快速发展，以灌溉为主的好溪堰渠逐渐成为城市内河。

好溪楼风光 / 金剑　摄

好溪堰历经千年沧桑，屡圮屡修，迄今未毁。据遗留碑文记载，民国十四年（1925）对好溪堰进行过一次大规模重修，现在看到的堰坝则是2015年重修的。如今的好溪堰流域跨今岩泉、紫金、万象3个街道，流经16个行政村和12个社区居委会，渠道全长9.58千米，流域近40平方千米。天皇畈已划入丽水城区范围，好溪堰水系也成为城区内河，仍发挥排洪、消防、洗涤、冲污等功用。根据城市内河整治规划，好溪堰的农田灌溉功能将逐步减少，城市生态环境用水功能将逐步增强。

作为丽水古代重要的水利工程之一，好溪堰凝聚了古代丽水人民的聪明才智，有着很高的研究价值。2009年，好溪堰水系整治工程动工建设，到2019年全面完工。好溪堰公园、好溪楼、好道堂等好溪堰沿线的“一楼、一堂、两湖、三亭、六桥”景观建筑及景观湖泊相继建成，经修复治理的好溪堰已成为水安全、水生态、水景观、水产业“四位一体”，水工程与水文化有机融合的示范项目，成为丽水人引以为豪的城市“水旅融合”新亮点。这处美丽的城市绿化景观穿行于城市的街坊小巷中，给市民提供了休闲娱乐的场所，也给丽水增添了一道宽敞亮丽的绿色风景线。

春水平堤·堤堰

青龙堰

『松阳双龙堰』之青龙

青龙堰位于松阴溪南岸，周边水系主要是松阴溪干流和支流竹溪源，堰坝在寺岭下村口、松阴溪干流的河床上，引松阴溪干流水在南岸由西向东，经独山脚过瓦窑头、水南、青龙、程徐、横山等村，汇入黄坑源，到踏步下村重新注入松阴溪干流。

青龙堰，又名百仞堰、何家堰，始建年代无

青龙堰连拱

青龙堰建于1984年的引水渠

考，据《松阳县志》记载，最早在北宋庆历年间（1041—1048）已有修建记录。原址位于百仞山脚附近，明万历二十二年（1594）冬迁至百仞山山麓西，与竹溪源水交汇处。现堰于2007年重修，为重力堰和连拱堰的结合。堰长300余米，干渠由西向东全长7千米，进水口在右岸，自流式进水，灌溉西屏、水南两个街道共8个村的185.6公顷（2784亩）农田，并满足村民洗涤、村庄灌溉和绿化之用。

明万历二十二年冬，知县周宗邠为解决南北两岸旱涝纠纷，上迁坝址数百米至今址并设置河闸。明万历二十六年（1598），处州知府任可容重修，改竹笼卵石堰为块石砌筑堰。明万历三十五年（1607），时任知县林大佳在百仞堰重修河闸。

明人屠隆的《重建百仞堰记》将周宗邠趋利避害迁移堰址的治水事迹总结为“成功难哉！在权利害，利七害三，则兴利；利三害七，则避害；利害相半，与其有利，不若无害。今灌田之利十，而漂舍之害又倍十，利必不可兴，而害尤不可不避，将奈之何？周侯一策而两利俱全，何其计划善，而功伐盛也”之说 。对水利工程兴建与否的“利害七三之分”，体现了松阳先民科学的治水哲学和项目决策的智慧。

周宗邠（生卒年不详），号洪庵，江苏毗陵（曾称武进，今江苏常州市郊）人，进士出身。明万历二十二年（1594），任松阳知县。时百初堰（即

青龙堰近景

青龙堰）被洪水冲圮未复，致田禾苦晒，民难安生。周宗邠力任其事，设法筹资，后以国库与民资各出一半的方式，拟修复堰坝，变水害为水利。时南乡人坚决主张复坝，以利灌溉；而堰旁的北乡因地势稍低，春夏间溪流堰坝受障，辄漫衍漂没庐舍，为民之大患，故力争不可复坝。因是，两乡交哄不已。

周宗邠亲往实地踏勘水脉后，决定徙坝基西上数百武（古代六尺为步，半步为武，即一武约100厘米）。新坝址地势稍高，南可灌溉农田，北无漫流漂舍之患，永垂大利，亦杜争端矣。

万历二十五年（1597）六月，南乡横山村村民、百仞堰之堰长等联名，自费为知县周宗邠勒石纪事颂德，碑额为《周侯治水德碑》，此碑至今犹在。

青龙堰是松阳历史名堰之一，也是松阴溪国家水利风景区的重要节点之一。

傡水平堤·堤堰

白龙堰

『松阳双龙堰』之白龙

白龙堰位于松古平原东南部，在松阳县松阴溪城南航船头（古称白龙溪）河段中，始建于元代。《浙江分县简志》《松阳县志》等地方文献记载，白龙堰在县南五里一二都，灌田二十顷，元末里人周汉杰悉力鸠工而成，称为竹笼卵石坝。

周汉杰（1319—1372），字德闾，松阳县城项弄村人。元至正十六年（1356）秋冬季，他自

鸟瞰白龙堰

2004年的白龙堰水毁遗址

掏腰包修建引水工程。堰坝取水渠位于松阴溪北岸，自西向东，穿过航船头的阔叶林，流经县城人口密集的南门，出了南门流经东门南到项弄、白沙村，再由白沙村南注入松阴溪，可灌溉沿途的上千亩农田，并为沿渠的村民提供生活和消防用水。堰坝建成后，周汉杰将其命名为“白龙堰”，正好与松阴溪南岸的“青龙堰”相呼应。

周汉杰牵念地方百姓的农田灌溉之事，捐钱并主持修筑白龙堰及其渠道，群众因得其利。后经钦准立祀，址白龙堰坝北岸渠首，名石柱殿，奉公神主，以表其治水之德政。民国《松阳县志》载：“石柱殿，在官塘门外白龙堰沿，祀周总管德闾。明初，总管奏讦白龙堰，灌溉粮田，利益民生。奉旨准建神主殿。”石柱殿今犹在。殿的正面四根石柱上，正面和侧面各镌刻有两对楹联，分别为：“一片孤云渔入港，数峰残照犊归村”“芳草平堤绿，莺花夹岸红”；“二堤花柳，百仞云峰”“印潭月色清如许，隔岸岚光翠如练”。写景状物，凝练地描写了石柱殿周边和松阴溪秀美的山水景色。

松阴溪是松阳县的主要河流，是瓯江的一级支流，又称松川、松阳溪、松阳港。白龙堰是松阳的历史名堰之一，也是松阴溪国家水利风景区的重要节点。自从有了松阴溪南岸的青龙堰和北岸的白龙堰，就有了“松古平原熟，浙南米谷足”“浙南百姓丰衣足食，上靠松阳下靠平阳”的说法，也有了当今丽水“第一大粮仓”之美称。之后，历朝历代都非常重视维护这两大古堰，屡毁屡建。

明万历十六年（1588），知县廖性之凿石重修白龙堰。崇祯丙子（1636）为水冲坏。清康熙十七年（1678），松阳知县张景留又主持重修。在1950年和 1951 年，浙江省人民政府连续补助大米万斤，贷款对该堰、渠进行整修加固，引水量遂得增加，灌溉能力有所提高。今堰总长 165 米，引水渠全线长 4000 米，为项弄、白沙灌区的重要引水工程，至今仍为堰渠两岸居民提供灌溉、生活用水。

长期以来，该堰灌区群众对堰坝管理十分重视，有专门的管理班子。据地方文献记载："清乾隆辛酉（1741），里人程圣鼎、王者佐、潘维光、程发寿等捐资立会，于每年夏初，董率田户疏筑，即以会资为费，岁以为常。"中华人民共和国成立前，管理为堰长负责制，成员由各受益村选派代表组成，称"堰董"，一般由 6—8 人组成。水费按每亩谷一桶（折合 9.4 千克）收取，也可以工代谷，并制定乡规民约，对护堰、修堰、分水等均有明确规定。1950 年冬，成立白龙堰管理委员会，有成员 11 人，负责堰渠的维修、收费等事宜。1990 年，又筹措资金完成混凝土衬砌堰渠 0.65 千米，提高通水能力，旨在让这条古堰继续发挥重要作用，惠泽灌区子民。

1991 年 10 月 20 日，时任浙江省长沈祖伦亲临白龙堰视察，对白龙堰做出评价："白龙堰是集灌溉、生活、消防、调节于一体的名堰。"

石柱殿

春水平堤·堤堰

道化堰

仙人碓的美丽传说

在瓯江小溪江流域畲乡景宁境内，有一段人文底蕴厚重的水域，承接了毛垟港丰盈的水脉，时而如淑女般静静流淌，时而又大手笔地勾画出美妙弧线，伟岸奔腾。《韦氏宗谱》有诗颂之："浩水冲来全无恙，沙泥不入更称奇。宫前古树遮风雨，水面生岩作地基。"由于战乱，韦氏祖先于南宋年间迁来景宁，几经周折，最后选择在道化村定居，

道化堰近景

道化堰碑文

繁衍生息。村中的“道化堰”便是这段历史的实物见证。

道化堰位于景宁县沙湾镇道化村，始建于明代，主要功能是拦截水流、抬高水位，利用水力资源兴建“水碓”，用于舂米、磨粉、榨油等农产品加工。其坝址用大量鲜松木铺垫，坝体用大块石砌筑，至今依然完好无损，原质、原味、原生态。

道化堰旁边的水碓遗址，当地人称为“仙人碓”，至今已有五六百年历史。道化堰承受着洪水的冲刷，让泥沙和杂质得以沉淀，下游一侧与河道平面保持坡度，使河流过水时充氧，为水生动物提供充足的氧气，确保全村人畜饮用水的清洁并行洪排涝。旁边的水碓遗址，据光绪庚子年（1900）《韦氏宗谱》记载：“昔言游氏闻学之训，以之化武城，民自感化于道，以道相化，盖以道化里居。”又传：村有古碓臼，系仙人指点而成，虽屡遭洪水冲击，从无损坏，臼碓内泥沙不入，谓之仙碓，乃道化之物，故村名道化。有诗赞曰：“仙人幻化有谁知，古碓长存迹更奇。玉竟清溪流圣德，长令春米颂洪慈。”

传说，当初造水碓的是一位石匠和一名木匠。造水碓时，总有个叫花子在一旁观看，吃饭时也不走。工匠们可怜他，就省出一口饭给他吃。后来东家知道了，怕工匠吃不饱，耽误工期，就送了三份饭来，那叫花子有吃有喝便一直待到水碓建成为止。建成这天，叫花子问水碓上还搭不搭棚子，工匠说不搭了。叫花子就说：“如果不搭棚子，那么以后就晴天碓米，雨天碓沙吧。”说完便踏溪而去，行到半途，忽然从水面上消失了。工匠们大惊失色，知道遇到仙人了，从此人们就称这水碓为“仙人碓”。

据考证，道化堰水碓始建于明宣德年间（1426—1435），沿河岸东南朝西北向分布，面积约40平方米。几百年来，虽发洪水无数次，但水碓依然如故，静静地守望着村舍。

作水平堤·堤堰

芳溪堰

古代水事活档案

芳溪堰分为芳溪一堰和二堰，北宋时即已存在，坝址皆在松阳县芳溪坑新兴乡下源口村附近段河床上，距古市镇3.5千米。

芳溪一堰为干砌块石过水堰坝，高1.5米，宽1.0米，长58米。进水口在堰坝左侧，下接渠道。渠长2.5千米，平均宽1.5米，高0.8米，由西南向东北流经新兴乡下源口、贤溪、项宅、小

芳溪堰全景

上安等村，灌溉新兴乡下源口等 5 村共 113.3 公顷（1699.5 亩）农田。

芳溪二堰在头堰下游 90 米处，系块石硬壳堰坝，高 1.7 米，顶宽 1.51 米，长 70 米。进水口在堰坝右端，设螺杆式木闸启闭机一台，宽 2 米，高 2.5 米。干渠平均宽 1.5 米，高 0.8 米，由西北向东南流经樟溪乡新安寮、后肖、大徐、赤山头、力溪等村，至下阙家村注入松阴溪，全长 6 千米，灌溉樟溪乡力溪等村共 100.5 公顷（1507.5 亩）农田。

芳溪两条堰同引十三都源芳溪坑水。两堰坝相距较近，分属新兴、樟溪两乡所有。而两乡水利条件较差，供需矛盾突出。干旱年景，两乡村际水事纠纷层出不穷，为水利多事之地。松阳县档案馆尚存明嘉靖九年（1530）至清光绪九年（1883）的 353 年间历代县府关于芳溪堰水事的榜文和判决等原件及水利碑刻拓本 20 余件，“芳溪堰档案”中的 10 余件县令告示手迹，有指令分水灌溉的，有调解纠纷的，还有审理争水斗殴伤人案的，总之都和水事纷争有关。清康熙二十九年（1690 年）八月，县令李钟秀亲立《芳溪二堰水期碑记》于芳溪堰侧，明令规定各坦严格按照水期轮流灌溉：“道府批查芳溪二堰乃岗坞、力溪、源口先民创始。从今开始，力溪、岗坞水期共六日；然后源口水期五日；再然后搪头、后肖四村和高岸、大齐五坦水期共三日。所有总共十四天为一轮，周而复始轮流，不得违约。通知各坦居民知晓。”这块碑至今还在。从这些文献资料中也可见芳溪堰灌区水旱灾情及水事纠纷之概况。

“芳溪堰档案”中仅有的一幅水系图为芳溪

芳溪堰近景

堰二堰的水系图。该图为手绘，详细绘制了芳溪二堰的水脉走向，且堰边设置的 6 个水碓房也画得清清楚楚。最为难得的是，这幅图清晰地画出了 50 多个“水演”（“演”通“眼”，即涵洞口），对于农业耕种具有重要作用。

20 余件县令批示手迹中有 9 件为组织修补堰坝的批示，其中年代最久远的一份公告是明嘉靖九年（1530）八月初四县令张景留对芳溪堰修复水利呈状的指示。从这些修复芳溪堰的告示中，我们可以了解到芳溪两堰一般设有堰首（堰长）2 至 6 名，负责堰坝的日常管理、查看堰坝情况、向上级呈报水利民情、组织执行修复堰坝等工作。明、清时期，洪水多次泛滥，芳溪堰多次不同程度被毁，百姓饱受水患之灾。明、清时的历任松阳县令都非常重视芳溪堰的作用，多次发文批示修复芳溪堰，由此可见芳溪堰在新兴、樟溪两乡农业灌溉和防洪防涝中的重要作用。

中华人民共和国成立后，随着杨岭脚水库的建成及对古代引水工程的改造，江南渠贯穿两乡腹地，加上下马坑等电力提灌工程建成，两乡的灌溉条件大有改善。同时，樟溪乡实行蓄、引、提“三水”统筹，将芳溪两堰合入杨岭脚水库灌区，使芳溪两堰的灌溉面积从 105 公顷（1575 亩）扩大到 280 公顷（4200 亩）。1989 年 5 月，在县水利水电局和古市区公所的主持下，樟溪、新兴两乡政府就芳溪堰引水灌溉问题签下《关于芳溪堰灌溉分水和十三都源电站引水发电的协议》，两乡数百年来的灌溉供需、分水矛盾得以化解。

作水平堤·堤堰

广济堰

官民合作兴修水利的典范

广济堰，又名张侯笕，亦名黄婆笕，位于壶镇镇龙川村石龙头自然村西北约百米的好溪上。此堰坝长 149 米，坝高 1.4 米，堰渠长约 4 千米，入水口在壶镇镇石龙头桥上游，斜跨好溪，流域几乎涉及壶镇镇溪西的大部分村庄，灌田 3000 余亩。

壶镇镇位于缙云县城东北 25 千米处，坐落在

广济堰

广济堰全景

括苍山西北麓的好溪冲积盆地上，是好溪上游的河谷平原，也是丽水市三大平原之一，面积达 100 多平方千米。壶镇农业向以种植水稻为主，境内堰渠交错，溪塘广布，水利条件优越，大部分农田可自流灌溉。聪明、勤劳的壶镇人民用自己的智慧和汗水，营建了诸多水利工程，广济堰就是保存较为完整且一直在发挥作用的一座水利建筑。

广济堰的称谓最早见明成化十八年（1482）的《处州府志》，明崇祯八年（1635）《处州府志》卷二也有涉及。“广济堰互二十四、二十五都间，灌田广六七里许，袤十五六里许……灌田八十余顷，水利为东乡最。自雅施庄石龙头引水。”清光绪年间的《缙云县志》也有相关记载。

从这些史料可知：广济堰建成后，因洪灾屡毁屡修。修堰之事在得到地方政府重视的同时，也得到了地方百姓的拥护和大力支持，当时专门由知县负责督修，乡绅百姓合力筹钱筹工，官民协力修筑堰堤、畅通堰渠，保护水利命脉，与自然灾害做斗争。

清康熙二十一年（1682），知县霍维腾督令修筑。乾隆初，陶滩黄寡妇捐巨资重新筑堤修渠，故广济堰一度改名“黄婆笕”。道光初年堰废，“至七年（1827），滴水不通，两都均病”。直至道光十年（1830），张维孝任缙云知

缙云县好溪灌区工程简介

县时，堰已断流三年，旋重用乡绅吕建盛、庠生赵以泰，组织百姓重修，渠成后百姓又一度将其称为“张侯笕”。

2009年，好溪干堤一期工程在壶镇镇龙川村石龙自然村的好溪干流上新筑堰坝，将广济堰坝和栋梁堰坝合二为一，因堰坝横截清广潭，故亦名“清广堰”。堰坝高1.4米，长149米，分南北两个取水口，北为广济堰取水口，南为栋梁堰取水口。新的堰渠宽2.3米，深1.3米，长4千米，流经下施、唐川、上王、中王、坑沿、李庄、胡宅口等十多个村庄、田畈后复入好溪，灌田2950亩。

春水平堤·堤堰

黄公堰

云和城内的『水碓港』

黄公堰，又名黄公渠、水碓港，是一条位于云和老城区的古老沟渠。黄公堰在浮云溪的白水筑堰，由左岸引水入城，自白水到街头新民路由西向东流，一直到前巷再汇入溪中，是当年饮用、灌溉、粮食加工、消防等取水的所在。因古时沿渠建有多座水碓，本地人俗称其为“水碓港”。

黄公堰系明弘治六年（1493），由云和知县

黄公堰新修堰头

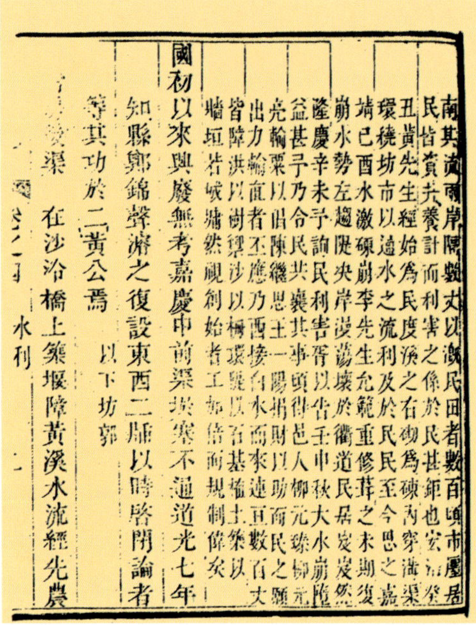

南其黃爾岸隔數丈以溉民田者數百頃市廛居
民皆資其養計而利害之係於民甚鉅也宏治癸
丑黃先生經始爲民度溪之右砌爲碶內穿溝渠
環繞坊市以通水之流利及於民民至今思之嘉
靖己酉水激碶崩李先生允範重修葺之未期復
崩水勢左趨隄决岸漫蕩壞於衢道民居蕩然
隆慶辛未予詢民利害胥以告壬申秋大水崩隨
益甚予乃合民共襄其事頭得邑人柳元琮柳元
亮輸粟以倡陳繼思王一陽捐財以助而民之願
出力輸直者不應乃西接白水而來連亘數百丈
皆障洪以樹楗沙以梅環疊以石基補土築以
牆垣若城墉然厥功始者工加倍而規制偉矣
國初以來興廢無考嘉慶中前渠堙塞不通道光七年
知縣鄭錦聲濬之復設東西二牐以時啓閉論者
等其功於二黃公焉　以下坊郭
[illegible]渠　在沙洽橋上築堰障黃溪水流經先農
水利

清《同治云和县志》中记载的黄公堰

黄芳倡导修筑的，是云和县最古老的水利工程之一。《云和县志》记载：“黄芳，字士英，莆田人。弘治六年由举人知县事。政理和平，循声茂著，浚河渠，修学校。莅事三年，调任遂昌。民尤德之，为立去思碑。”又有黄一桂《修云阳埬记》为之纪云：“弘治癸丑（1493），黄先生经始为民度溪之右砌为埬，内穿沟渠，环绕坊市，以通水之流利及于民，民至今思之。”

黄公堰的渠首拦水堰几经洪水冲毁，又几经修复，成了一座完整的水利枢纽工程，由白水堰、白水栋（堤防）、白水澳（水渠）组成。黄公堰在历史上多次毁修，主要有：明嘉靖二十八年（1549），水栋（堤防）被洪水冲毁，知县李允范主持修复，不久又崩，水势向左，堤决岸漫。明隆庆六年（1572）秋，大水崩毁益甚，知县黄一桂倡仪重修，并命名“云阳栋”。清乾隆三十二年（1767）水毁，知县王栾自捐俸银50两，倡导重筑。清道光七年（1827），前渠淤积不通，知县郑锦声主持疏浚，并设东西二闸，定时启闭。

1951年3月，新建白水大堤，长103米，高5米，堤顶宽3.1—3.8米。1956年2月，建成干砌石拦水堰，长51米，宽21米，高2米。2015年11月，由于云和水文站迁移到白水上游，在此设立水量测量装置，堰坝又向下游移了20多米，重修拦水堰。

春水平堤·堤堰

金梁堰

松阳治水文化的明珠

金梁堰，又名京梁堰，位于松阳县斋坛乡小石村大花地自然村北，为松阳的历史名堰之一，历代维护管理，永续利用，至今仍发挥着灌溉功能。金梁堰是松阳境内唯一以无坝引水为特征的水利工程，也是灌溉面积最广的名古堰，为县内治水文化史上的一颗璀璨明珠，是前代松阳人和历代热心民生事业的治水先驱功绩的遗存。

金梁堰全景

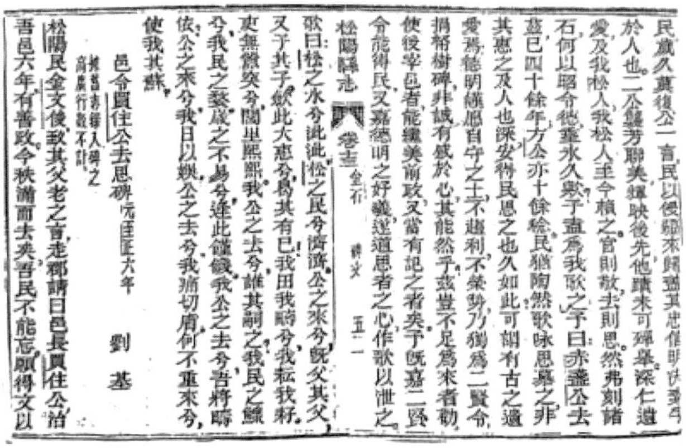
民歲久莫復公一言民以便歸來歸盡其忠信明決勇
於人也二公雖芳聯美輝映後先他蹟未可殫舉深仁遺
愛及我松人我松人至今植之官則敬去則思然弗刻諸
石何以昭令德垂永久歟予盍爲我歌之予曰赤蓋公去
蓋已四十餘年方公亦十餘稔民猶陶然歌咏思慕之非
其惠之及人也深安得民思之也久如此可謂有古之遺
愛焉德明儀愿自守之士不趨利不榮勢乃獨爲二賢令
揭帑樹碑非誠有感於心其能然乎茲豈不足爲來者勸
使後宰邑者能繼美前政又當有記之者矣予既嘉二賢
令能得民又嘉德明之好義述道思者之心作歌以泄之
松陽縣志　卷十五　金石　碑文　五一
歌曰松之水兮泚泚松之民兮濟濟公之來兮既父其父
又子其子歟此大惠兮曷其有已我田我疇兮我耘我耔
吏無譁奕兮閭里熙熙我公之去兮誰其嗣之我民之饑
兮我民之蹙歲之不易兮逢此饑饉我公之去兮吾將疇
依公之來兮我日以嬉公之去兮我痛切膚何不重來兮
使我其蘇
邑令買住公去思碑 元至正六年　劉基
據舊志增入碑之高廣行數不計
松陽民金文俊致其父老之言走郡請曰邑長買住公治
吾邑六年有善政今秩滿而去矣吾民不能忘願得文以

《邑令买住公去思碑》书影

金梁堰是采用无坝引水的。该堰在元代初建时，松阴溪流上未设拦水坝，而是充分利用松阴溪的河道条件和水脉，自然平稳地引水入渠灌溉。作为低堰引水灌溉工程，金梁堰的主要特点是充分利用河流水文及地形特点来布置工程设施，既满足引水、分流、灌溉的需求，又没有改变河流的原有自然特性，与天然河道类似的渠系整合了供水、防洪、水运、景观等多方面的效益，因地制宜的水工建筑和就地取材的水工构件体现了水利工程的实用功能及因实用功能而确定的基本形式。

金梁堰始建的具体年份未见记述，唯一可供后人稽考的是，元至正六年（1346）正月，时任处州路总管府府判的刘基（浙江青田人，元末进士，后为明太祖朱元璋的股肱之臣），因受京梁灌区父老金文俊等人之委托，撰写《邑令买住公去思碑》，歌颂当时松阳县令买住公复京梁堰的治水功绩，赞扬他关心民瘼、锐意治水，有功于地方百姓。

碑文之大意是：元至正四年（1344），松阳大旱，京梁堰引水渠道的两侧堤岸坍塌数十丈，渠道淤塞，致沿渠田地苦晒，民难聊生。时任松阳县令买住，字从道，世居广平（今河北省广平县），进士出身，知爱民之方，决定复建金梁堰。他设法筹款，不辞劳苦，多次亲临工地，督促修复京梁堰输水渠道，以灌民田。于是民获其利。

他调离松邑之后，当地人民感念其治水德政，誉称此堤为“宣公堤”。

而据清光绪十二年（1886）立的《重修京梁堰碑》记述：“溯堰之所，始在元，初则由七象鼻潭入水。至明洪武年间，改而下之，则由扼儿洞潭进水。故奉部照，有伯额京梁堰第一港之称。”

俗话说，十年河东，十年河西，这是大自然使然。松阳境内的治水先驱根据当时的河道地形、河滩变迁及水流态势，择定进水位置。据碑文，元代或元代前，京梁堰的进水口，初设在七象鼻潭西侧。至明代洪武年间（1368—1398），因水流冲击和沙石运动，导致进水口位置与水流态势产生落差，进水量逐年减少。于是，治水先驱将进水口下移数十米，改设在扼儿洞潭西侧，进水量遂增，流速加快，灌区人民因此受益匪浅。

光绪十二年立的碑文还提及京梁堰引水渠道的堤岸及进水处，在元代时，这些是沿用树干所制框内充填块石筑成的。因年代久远，树木霉烂，以致数次坍塌。至光绪年间（1875—1908），构筑材料改木为石，以块石砌筑，于是鲜有倾坍等情发生。

金梁堰的主要干渠有三条，还有若干沟沟渠渠，呈叶脉状，纵横交织，形成灌溉网络。古时，这三条干渠叉口的分水制度及放水时间之多寡均有严格规定。但由于水源少、田地众多，每逢旱年，水利纠纷迭出，严重时常常发生械斗。据民国《松阳县志》记载，清道光十三年（1833）四、五月间，松阳暴雨之后即不见点雨，延至七、八月间，旱象严重。地处京梁堰输水渠末流的毛村、大路等东村庄，因分水的水流大小及放水时间的短长

金梁堰风光

发生争执，动起棍锄，以致成讼。时松阳知县汤景和，数次顶着炎日，徒步赶至末流各村分水现场，观察地势、水情，寻找缓解纷争之策。最后，根据各村田地多寡、水路长短，达成分水协议，并主持立《京梁堰碑记》于各村分水口，以垂久远，俾便有所遵循。此碑至今犹存，放在大路村会堂里。

金梁堰自修筑以来，也屡经塌圮及修复。清光绪十年（1884）秋，输水渠之驳岸倾塌数十丈，渠道淤塞，渠首石涵也已圮塌，致溪水不得入渠。得时任松阳知县朱庆镛主持，改木为石，砌成石堤，则“庶几久不敝塌”。［见光绪十二年（1886）所立《重修京梁堰碑》碑文］。

1949 年 4 月，松阴溪上游暴雨成灾，松阴溪及其主要支流上的古水利工程均受不同程度的毁坏。同年 10 月 1 日，中华人民共和国成立。中共松阳县委即将兴修水利之事提到议事日程上，号召组织农民修复古水利工程。

近些年来，松阴溪上下游的河床因采沙挖石和洪水冲击而下沉，再加上上游电站蓄水，旱期水源不足，水位因此下降，导致溪水水位与渠床高度产生落差，进水量明显锐减，每遇旱季，大溪河床仅存细流。2004 年夏，灌区小石村村民为引溪水灌田，不得已采用古代的挡水构件，用竹笼充填卵石，有序堆积成坝，以提高上游水位，引水入渠，以缓解旱季燃眉之急。

2008 年，当地因地因时制宜，决定改无坝引水为筑坝引水，用 7 个月时间，建成了一条横卧在松阴溪上的京梁大坝。大坝全长 190 米，面宽 5.5 米，坝基深度 6 米，气势雄阔。修复后的金梁堰，灌溉功能已经惠及了斋坛、樟溪、叶村 3 个乡 8 个行政村的 5000 多亩农田，灌溉保证率由 60% 提升至 80%。

存水平堤·堤堰

清宁堰

引来好溪立蜻蜓

清宁堰，又名范成堰，俗称蜻蜓堰，坝长210米，坝高1.4米，灌田2300亩。清宁堰从左库村边羊斯滩引好溪水，灌溉左库、下潜、石龙、唐川、上田、和睦、上王、云岭、西山沿、胡宅口等村的农田，至赤岩山脚再入好溪。

刊于明崇祯八年（1635）的《处州府志》卷二载："清宁堰、万工堰二十六都。"《光绪缙

清宁堰近景

清宁堰全景

云县志》卷一载："清宁堰。俗名蜻蜓堰。"

清宁堰原本是一条古道，清宁堰建成后曾有四次重修，被洪水冲垮便再修。为了加固渠道，人们在中间加上石板以防止外侧塌方。现存光绪时的碑记记载了相关堰事，其石刻摩崖在壶镇镇石龙头村山崖高约 8 米处。清道光初，清宁堰与广济堰同被洪水冲毁，道光二十年（1840）修复。咸丰七年（1857）又毁于洪水，至光绪三十一年（1905）五月，县令范传衣主持将拦水坝上移至左库村边的洋斯滩，对毁损部分进行维修，清宁堰亦改名为范成堰。

清宁堰历经数百年，是缙云保存比较完整的重要水利设施之一，并一直发挥着重要作用。其科学的选址、设计、施工技术及管理、维护经验，都具有十分重要的历史和科学价值。

存水平堤·堤堰

神坛堰

松古灌区『圳田制』的活化石

神坛堰，又名田圳、神磁堰，位于松阳县叶村乡松山村东坞源上，始建于清代。乾隆十六年（1751），被洪水冲没，嘉庆十九年（1814）重修为砌石堰，并成立圳会共同管理该堰。后由圳会出资买圳田 6 亩，实行“圳田制”这一长效管理机制。

圳田制，即堰圳董事会通过 由灌区群众划拨

神坛堰全景

神坛堰引水渠

或用修堰剩余资金购买两种方式获得田地后，再将该批田地出租给农户，收缴的租金用以维修、管理堰坝的一种经费筹集方式。这一方法让神坛堰在重修后的百余年间凡遇水患而损毁时，都有充足的资金在第一时间进行整修，确保了在堰坝保护下的村民们的生命财产安全。除神坛堰外，松阳县还有大大小小的古堰 120 余条，而“七三益损法、堰董制、水权交易、灌溉面积核定”等一大批与圳田制类似，彰显古人智慧的灌区管理制度确保了这些古堰更好地为当地民众服务，也让今人为古人的智慧所折服。

20 世纪 90 年代重新修筑的神坛堰为浆砌卵石堰，堰坝长 35 米，宽 7.5 米，高 1.3 米，引水渠总长 1.8 千米，灌溉面积近 2000 亩。进水口在左岸，并配有启闭闸门。引水渠绕村而过，堰水既用于农田灌溉，亦供松山村民生活用水。

存水平堤·堤堰

五都堰

庆元堰坝数第一

五都堰位于庆元县松源镇五三村五都溪社司潭尾，始建于明洪武十八年（1385）。堰长167米，高3.2米，底宽29米，灌溉面积3096亩，上游集雨面积437平方千米，是庆元县最长、灌溉面积最大的一条堰坝。

清《道光庆元县志》记载："邑令曾寿筑，乾隆丁亥圳塞，嘉庆壬戌叶旭梓、张贵达等复浚，

五都堰碇步 / 吴鹏飞 摄

五都堰 / 吴鹏飞　摄

按租捐置田亩，年加障理。”历史上，五都堰坝几经洪水侵袭，虽经修整，仍无法抵御大灾。1951 年被大水冲毁后，1954 年八都（菊隆）区公所主持兴修，群众义务投工 1.54 万工。民工每日出勤 300 余人，三班轮流，夜以继日，从下游坝脚到坝顶，分 3 个层次用巨石砌筑。巨石大小和形制不一，最大的石块要 30 余人扛抬。2020 年，部分堰坝又遭水毁，2021 年重修堰坝，并在堰坝上新建了碇步桥。如今，修复后的五都堰不仅保障了下游农田灌溉用水需求、提高了防洪能力，还在上游形成了一个面积广阔的湖泊，成为庆元境内一道亮丽的风景线，与周边的自然景观结合在一起，营造出美丽的滨水景观带。

五都堰常年为五都店、朱村、上淤、八都、余村等 7 个村上万亩农田的灌溉提供水源保障，造福一方。它同时又是一处不可多得的文化遗产，具有较高的人文价值。

作水平堤·堤堰

午羊堰

昔日借圳基引水 今天共新桥生辉

午羊堰，亦称石门圳、下洋堰，位于松阳县松阴溪石门村段。

据《松阳县水利志》记载，该堰始建年代无考，最早有记载在清道光年间，重建于 1972 年。因当时的设计标准偏低、施工技术落后，又缺乏资金，重修后的堰坝不久又被毁，每年仅依赖临时堆积砂砾石的方法拦水引流，难以解决枯水期农田灌

午羊堰全景

午羊堰进水口

溉所需。灌区下游 4500 亩农田，午羊堰尚不足以灌溉 3000 亩，灌溉保证率仅 60%，堰坝下游的农业生产和居民生活用水都十分困难，用水矛盾突出。2009 年，松阳县被列为全国小型农田水利重点县，重建午羊堰遂被提上议事日程。重建的午羊堰为砌石景观堰坝，长 245.7 米，堰型为实用堰。右岸取水，采用进水闸控制进水。引水干渠长 1100 米，设计引流量 0.4 立方米 / 秒，断面为 2×1.5 米。今天的午羊堰是叶村乡黄渡村、西屏镇塔寺下村等 4 个行政村重要的生产和生活水源。

午羊堰是松阳历史上的名堰之一，是松阴溪国家水利风景区的重要节点之一，据《石门圳碑志》记载，清道光年间（1821—1850），下游受益村（黄公渡村）向非受益村（石门村）通借圳基引水以灌溉。用借地建渠的方法来解决古代松阳水利工程的建设用地问题，体现了松阳先民的治水智慧。

重修后的午羊堰，以优美的“曲线”吸引着人们的目光，在为村民们服务的同时也成为当地

一堰分高低

的一处景观，吸引了无数游人前来留影。特别是2016年，在其附近改建了石门圩廊桥，桥与堰相得益彰、相映生辉，一起成为当地的“网红”代言人。

石门圩廊桥的前身是建于20世纪70年代的石门大桥，是一座连接石门和石门圩两个村庄的无筋无肋混凝土双曲拱桥，曾经是松阴溪南北交通的重要通道，后逐渐废弃。2016年，因松阴溪景区建设需要，石门大桥被改造成步行廊桥，为游人提供了松阴溪上的远眺视点，还获得第36届国际照明设计奖卓越奖。

午羊堰正好位于石门圩廊桥的下方，站在桥上，整条午羊堰一览无遗，很多人到此打卡的目的就是站在廊桥上拍摄午羊堰的全貌，那水天一色的美景让人惊叹。午羊堰为廊桥提供了保护和亮眼的景观，廊桥则为午羊堰提供了一处可供观察和推广的平台，两者交相辉映，向世人诉说中国传统村落保护利用的成功试验成果。

春水平堤·堤堰

英川堰

家家堂后活水相连
鲤鱼『庇护』鲜少火灾

英川堰，又名水碓堰，位于景宁畲族自治县英川镇英川自然村西侧，始建于明代。

英川镇位于景宁县西南山区，地处景庆龙三县市交界之地，地势自北、南向中部溪港倾斜，旁有英川溪。根据当地的《吴氏宗谱》《王氏宗谱》记载：英川村、王宅村建村于元初，距今已有 700 多年，村舍三面临水，背倚岗峦，村内的

英川堰

英川堰近景

水系依房而建，起着蓄水养鱼、防火等作用。在明代时逐渐形成了极具特色的乡村水利工程体系，英川堰给英川村带来了富饶的土地。

英川堰有取水防洪、输水灌溉、村内给排水三大功能，全长 2000 多米。取水防洪部分位于村北侧 1500 多米的英川溪上游公路旁，此处溪面开阔，取水堰因势利导，沿滩就地取材砌筑而成，堤堰自西岸护堤沿溪滩围深潭经 100 多米蜿蜒至东岸形成喇叭口，在颈部集水成明渠流向村子。其坝体上设排沙口、泄洪口，由拦水坝段、溢流坝段、汇水坝段构成。坝体由松木填基，利用滩上坚固的巨石，侧向横支松木拦截乱石形成稳固的基体，松木浸水常年不烂，确保坝体稳固。灌溉输水系统部分为取水口至村子这一段，均为明渠，沿途设有拦水匣、泄洪口、灌溉孔、水碓、发电厂等。村子的给排水系统分为若干个系统。村子高点供水旧时由水车抽水至高处，再由竹筒管路输送到集中供水干管，然后沿东北向西南低落的暗渠供水至村中央水池，形成总干管系统。中央水池面积约 2 平方米，深 1 米有余，用条石隔成三个区，前区饮用，中区洗刷，后区冲污，还可作为消防取水用。中区水沿暗沟流至每户的天井深沟形成全村的供水系统。每户的天井水沟深邃，可作养鱼池。这套供水系统让户户相通，多连至每户后堂厨房，相当洁净。每户院后地沟相连，地沟标高相对给水地沟要低，与前院给水沟相连，中有块石阻隔渗水，给水系统部分渗水可冲刷排水沟管，排水地沟汇流后至村西南侧形成明沟和雨水汇合流入河体，全套系统相当精妙。传说该村鲜有失火是因为村民们常在天井水沟里养鲤鱼，得其“庇佑”，其实是村里的这套供水系统，让村民们远离祝融。

英川堰水利工程集防洪、灌溉、饮用等生产生活活动于一体，设计合理，工艺先进，构思巧妙，巧夺天工，历经数百年至今仍在发挥功效，令人赞叹，且蕴含丰富的人文底蕴，是古代浙南山区人民聪明才智的集中体现，在全国范围内也属罕见，为研究古代水利工程提供了不可多得的实例。

存水平堤·堤堰

永济堰

汝耘公倾尽家资行善造堰

永济堰位于缙云县东方镇皋头村东头的好溪干流上，始建于明朝万历年间（1573—1620）。堰高约 1.4 米，长约 108 米，用大块石砌成。堰渠宽 1.5 至 2.0 米，深 2 至 3 米，主渠约 6.5 千米。堰水经新沈渡村皋头自然村，沿山边过田畈后与胪膛街并行穿村，再经胪膛村苏宅、四方村古楼和西山、靖岳，到马石桥入好溪，灌溉 11 个村逾

永济堰堰坝

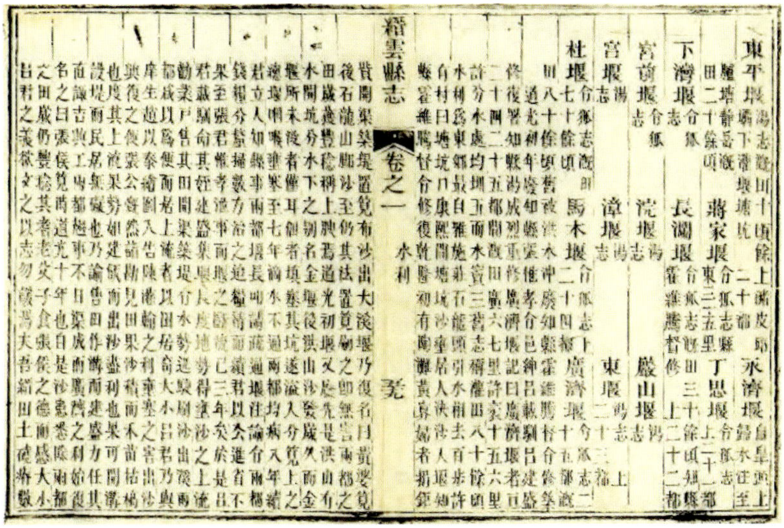

永济堰相关文献

1800亩农田。

东方镇位于缙云县东北部，距离县城15千米，东毗壶镇镇，南邻舒洪镇，西连国家级风景区仙都，北界永康市。全镇地形以丘陵为主，中部和西北部为河谷盆地，东南少部为低山分布。好溪由东北向西南斜贯镇子而过，汉溪于境中自南向北折西注入好溪。东方镇水库、山塘、堰坝俱全，大部分农田可引好溪水灌溉，水利条件优越。永济堰就是镇里最为重要的一座水利设施。

关于永济堰的修筑，还有一个动人的故事。

明代时，胪膛村胪川田公汝耘（1528—1607），字希庞，号华山，乡民敬呼其汝耘公。他少年时攻读诗书，志图功名，后因故不售，遂弃儒经商于台州仙镇，而成富翁。别人向他借款做生意，还不还本金，他都不与计较。时仙镇有一人，梦见自己被拘至冥府，阎罗王怒责其借汝耘公资本但久拖不还，令其速还，否则严惩不贷！此人被吓得屁滚尿流，梦醒后连夜上门还款。此事传开后，其他借款人亦纷纷主动上门还款，仙镇传为奇事，事见清《康熙缙云县志》。汝耘公虽因经商富甲一方，却自奉极俭，扶危济困时则慷慨解囊，因此极得乡里敬重。然而，天有不测风云，人有旦夕祸福，明万历元年（1573），汝耘公 46 岁时却不幸身染大病，百药无功，于奄奄一息之际，只觉自己来到阎罗殿中，却见阎罗王怒目圆睁，对自己喝道："你的家乡十年九旱，民不聊生，怎能来此游嬉！速回阳间，行善济世，勿违天命！"汝耘公清醒后，身体日见好转。痊愈后，他见东方大畈池塘枯竭、田地龟裂、禾苗枯萎，百姓叫苦连天，于是独捐白银 4000 余两，准备筑堰引好溪水来灌溉。然而，银两还是不够，他只能卖田。就这样把家中的 1400 多亩良田变卖的变卖、典当的典当，他也因此过上了清贫的生活，但他并不后悔。汝耘公筑堰凿渠，永济百姓，堰成后即以"永济"为名，而他倾囊筑堰的事迹也名闻遐迩，缙云知县欲按官方惯例，以冠带荣身予以表彰，他却淡泊名利，谢绝旌表。汝耘公倾尽家资行善造堰、造福乡梓的高风亮节将永为世范、启迪后人。《胪川田氏宗谱》有铭赞曰："第廿三世，行利汝耘，怜民疾苦，忘私为公。独资开凿，永济水堰，卖掉良田，十一万秧。年年月月，堰水淌淌，大畈黎民，谁不赞扬。高行美德，光辉榜样，汝耘公您，功德无量。"

永济堰以实物形式记录着古代筑堰技术，其坝基、堰渠的选址、布局及修建方式等，对今天的水利建设、自然生态保护各方面都具有一定的研究和参考价值。

春水平堤·堤堰

赵公堰

石壁隘堰兴六百年水利
亮丽转型供村民们泅泳

赵公堰始建于明洪武十八年（1385），为时任庆元知县曾寿所筑，崇祯年间（1628—1644）被洪水冲坏，知县杨芝瑞重筑，后又毁坏。历经无数次冲毁重修，赵公堰却始终存在：“障盖竹、濛淤二溪水入周墩上洋澳。穿古楼庙下，过柿儿村，合下滩、济川二水灌东郊田。”（《光绪庆元县志》）古代因该处“峭壁萦回，下临松源溪，地势险峻，

赵公堰

庆元冬泳邀请赛 / 吴鹏飞　摄

特筑关隘，称石壁隘”，故又称石壁隘堰。

赵公堰及其渠系数百年来一直承担着下游万顷良田的灌溉和县城及周边居民生活用水的重任。中华人民共和国成立后，数次在原址修建后，1970 年由庆元公社主持将堰址上移 206 米，采用混凝土结构解决了防冲问题，并对渠系进行改造，松源溪水经周墩、县种畜场，中途接纳下滩、济川水，到达大坂洋，抵南门外县食品厂，沿云鹤路而下，再入松源溪，干支渠总长约 10 千米，保证了一定时期内当地人民的生活、生产用水。

随着庆元县城的发展变化，人民的生活、生产用水要求在改变，赵公堰的作用也随之改变，由主要提供洗衣做饭、农田灌溉用水转变为展示青山绿水的窗口、戏水健身的场所。为实现赵公堰亮丽转型，2019 年，庆元水利局对赵公堰进行改造提升，建成水面长约 350 米，宽约 50 米，常年水深 1.2 至 2.0 米，水深可上下调整的水域；建成一个 50 米长、有 8 条标准泳道的泳池，泳池水质优良，时时处处是活水，且水位、水温可调控，成为全国首个天然河道中的标准游泳池，以供人们训练比赛之用。

春水平堤·堤堰

支奥堰

古法竹笼堆石 『战时经济实验』

支奥堰，又名兰师畈堰，位于龙泉市安仁镇兰师畈村西，始建年份待考，现堰坝由卵石砌筑，长60米，坝高2.5米，配套引水渠道4500米，灌溉农田2038亩，是安仁畈用来灌溉农田的重要水利设施。

据《龙泉水利志》载：“支奥堰（又名兰师畈堰），是历史悠久的古堰，相传古代民众用简

支奥堰 / 邓小萌　摄

鸟瞰支奥堰 / 曾之劲　摄

易方法在安仁溪上筑堰，常用竹笼堆石作堰引水，在明代建造永和桥期间，对支奥堰又进行重修。”《龙泉县志》也记载：“安仁渠（兰师畈圳）原名支澳圳，位于安仁兰师畈村头。1985 年修，由卵石砌筑圳坎 2.5 米，长 95 米，引水渠道 4500 米，灌溉农田 3000 亩，丰水期并发电。”“民国三十一年（1942），省建设厅在安仁镇刘坊引安仁溪水开渠 3.84 千米，挖蓄水池塘 3 亩，落差 11 米，计划装机 12 千瓦，后因抗战胜利，省级机关回迁，工程中途废弃。”

民国三十一年，龙泉被浙江省国民政府列为“战时经济实验县”，安仁因是丽浦线上的一个“粮仓”而受到重视。省建设厅决定投资全面修建支奥堰，并对引水渠中一段 3838 米长的渠道进行拓宽、加深（当地群众称之为河）。结合挖蓄水池 3 亩，取落差 11 米，建电站一座，装机 12 千瓦。因抗战胜利，省级机关回迁杭州，电站停建。但已完工的支奥堰及整治和新建的 4500 米水渠，成为安仁畈 2000 多亩农田灌溉的重要保证。

1991 年至 1998 年间，浙江省确定安仁溪小流域为综合治理试点，支奥堰、安仁渠得到较好整治。重建的支奥堰为拱形重力堰，由卵石砌筑的堰高 2.5 米，长 60 米；整治引水渠道 4500 米，灌溉农田 2038 亩。水电站由于装机容量较小今已废弃，但支奥堰、安仁渠源源不断的水流依然浇灌着安仁畈千亩良田。

春水平堤·堤堰

力溪防洪堤

松阴溪上『牛轭练』

力溪防洪堤位于松阳县樟溪乡力溪村，相关水系属松阴溪干流。松阴溪是松阳县的主要河流，是瓯江的一级支流，又称松川、松阳溪、松阳港，在松阳县境内长60.5千米。

明正统二年（1437），当地村民在上溪滩西北首高岸坦潭下至松阴溪段修筑砌筑堜国滩，名"牛轭练"，一为防洪，二为设置北端村地界。

力溪防洪堤全景

绿堤绕村护百姓

明万历二十年（1592）五月，松阴溪河水暴涨，樟溪乡力溪村护村堤防300余丈被洪水冲圮，近堤民宅几乎全部被毁。县令赴现场踏勘，特指示各庄按照田亩公派工本，大堤得以修复。这是现有记载的松阴溪治理之始。

据地方文献记载，清康熙二十年（1681），力溪村右侧防洪堤有多处被洪水冲圮，当年集资修复。1964年8月，从上溪滩土地公殿下至上村头新筑一条防洪坝，又叫防洪堜，岩头砌坎，高3米，上底宽1.5米，下底宽4米，全长200米。1997年冬，在古市镇观口潭至力溪牛犊潭段松阴溪的两岸修筑坎砌堤（又叫防洪堜）。此后，逐年在松阴溪两岸［上至界首（界头）、下至堰头］建设防洪堤，现有堤防为2013年加固修建的，设计防洪标准为20年一遇。

吕公堤

庆元县的防洪屏障

吕公堤位于松源溪南岸，西起角门岭，东至周墩桥，全长 3.27 千米，地处庆元县中心位置的松源街道。

据 1996 年版《庆元县志》记载，吕公堤始建于明代，由角门岭、八宝淤、十一股、后田等河堤连接而成，历经清朝和民国，屡毁于水。民国二十一年（1932）六月，暴发特大洪灾，堤毁，

吕公堤 / 吴鹏飞　摄

省民政厅厅长吕苾筹来庆元视察，拨大洋 3000 元修复，地方自筹 8000 元，其中姚建封独助大洋 1000 元。堤成，誉称“吕公堤”。

到 1949 年前，吕公堤仅存后田、八宝淤两段，余皆崩塌。中华人民共和国成立后大力整修、加固吕公堤，1973 年—1975 年修筑北门桥至后田街尾段，1983 年—1986 年修筑街尾、姚家、吴宅和咏归桥段。1989 年遇“7・22”特大洪水，咏归桥至工艺品厂（八宝淤）段 105 米堤坝和姚家至后碓段 306 米堤坝被冲毁，经修复后堤面加宽，并增设护坡。

2001—2004 年，庆元水利局结合城防工程重建阁门岭段堤坝 1040 米，协议桥至东大桥堤坝 477 米，加固加高堤坝 1650 米。围绕“防洪、生态、人文、休闲、运动”的主题，充分体现“人水和谐、生态治水”新思路，2008—2022 年间，不断对吕公堤进行改造提升，新建堤顶集防洪、休闲、运动、骑行多种功能于一体，亲水平台连接休闲、景观节点形成“人水共融”的良好环境，为人民群众美好生活的提升做出新的贡献。

马渡堤

仙人造堤传说《阿诗玛》取景地

马渡堤位于缙云县新建镇马渡、宅基、应刘村的村边，新建溪左侧。清康熙二十二年（1683），缙云县令霍维腾私人募银300两，发动马渡、姓邱、应刘、宅基、龙湖等村联合建成，当时的“马渡堤长五里许，上栽松木，马渡、姓邱、应刘、宅基等庄皆赖以庇。堤外溪为放生潭”。另据《缙云县志》载：“马渡堤，起点为马渡村头，终点

马渡堤

为马渡大桥，堤长1千米，堤高3米，保护农田800亩，保护人口1400人。”2011年，在堤与溪之间修筑过新的溪岸，并用水泥硬化路面，堤上有石径、石亭、石凳等休闲建筑设施。马渡堤现长2.5千米，堤高3米。

古时，马渡、宅基一带三年两头涝，故有“马渡、宅基翻成潭，永康、武义冲半县”之语。因为水灾，不少村民只得外出逃荒，流落异乡。为共同抵御水患，马渡、宅基、应刘、姓邱、龙湖五村族长坐到了一起，他们经过商议决定：各村按田亩派工筑堤，16岁以上到70岁以下男丁，自带扁担、簸箕、锄头修建大堤，并分段到各村，由村分工到户，不管下雨下雪，都要力争在第二年春水来临前修好大堤。

那年的农历十二月初五，刚下了场大雪，为了赶工期，人们和往常一样，仍然肩挑沙石一担一担往堤上堆，干得满头大汗。这时来了一位白发银须的老者，不断地向正在劳作的乡人要这要那，吃了饭还要讨茶喝。宅心仁厚的乡人们也不嫌他烦，好心地供给他吃喝。这位老者其实是位神仙，吃完喝完后，他将手中的仙帚一甩，就帮助乡人造好了5里长堤。溪的下游有分叉，传说是仙帚掉下的两根须变成的，像是鲶鱼的两根须，直到今天老一辈还叫那地方“鲶鱼磷”。

为了巩固大堤，五村的村民在上面栽上各种树苗，如今堤上古木参天、松柏成荫，树龄都有两百多年。马渡堤两侧的绿化景观堪称壮美，《阿诗玛》《两个巡逻兵》《凤凰之歌》《两家人》等电影都曾在这里取景拍摄。

春水平堤·堤堰

汤公堤

汤知县治水有口碑

城南大楝（汤公堤）是一处位于松阳县城南西屏街道的堤防工程，据《松阳县志》记载：松阳城南济川门外，乾隆、嘉庆年间（1736—1820），河水冲入城，城南市墈头下水深齐腰，毁损民居无数。道光十五年（1835），汤景和筑堤围之。自此，涨水顺流而下，县城得免水患，城中人民的生命、财产遂得平安。后人因是以“汤

城南大楝（汤公堤）全景

公堤”名之，借以颂扬汤公治水之绩。

汤景和（生卒年不详），号竹筠，云南邓川（今云南省洱源县）人。清嘉庆辛未（1811）进士。道光七年（1827）选授松阳知县，在松阳任知县近10年，宽厚爱民，关心水利。道光十三年（1833）八月，他屡次徒步去现场，就十五、十六都各村分水纠纷进行协调，经其磋商、排解纷争，双方村民达成协议，嗣后勒之于石，以垂永久。道光十四年（1834），汤景和亲赴市口龙石堰渠道分水处，为河头、保安山与大竹溪等村庄的多年水利纠纷进行实地勘察，秉公凿定渠道深浅阔狭，嵌上石板，并厘定放水期，尔后勒之于石，以垂永久。汤景和治水的口碑，至今犹在松阳民间传颂，汤公堤正是最好的见证。

城南大楝（汤公堤）古时是松阳县济川门外的重要防洪设施，现在是保护松阳县主城区的重要城防工程。该段现有堤防系2000年加固修建为复合式断面堤，设计防洪标准为50年一遇。

春水平堤·堤堰

温溪榕堤

古榕树立千年固长堤
纪念碑宣红色爱国情

温溪榕堤位于青田县温溪镇温溪村，始建于宋徽宗时(1100—1126)，距今已有900多年历史。

温溪镇位于青田县城东13千米处，瓯江贯穿温溪镇中部，两岸为河谷平原，地势平坦，土地肥沃。古时的温溪是一片沙滩，瓯江水在此流淌。西山脚下的先民始祖于宋徽宗时迁居此地，逐渐发展成“地广则田畴，交错人稠，则鸡犬遥闻”

温溪古埠

的温溪村。

温溪古又称安溪，地处瓯江下游，位于青田、鹿城、永嘉、瓯海四地交界处，有“浙南明珠”之称。此处乃古温州北上的必经之路，故历史上的许多名人曾频频过访温溪，留下了不少名诗名句。最早歌咏温溪的是南宋理学家徐侨，字崇甫，金华义乌人，南宋淳熙十四年（1187）进士，有《安溪》诗赞美温溪：

潮回尽处晓江清，百丈滩头舟子情。
饶我静观黄卷罢，为渠卧看白云轻。
炫蓬滉漾龙蛇影，喧枕萧骚风雨声。
无限青山饱秋色，去来谁暇与将迎。

温溪镇有 7 条巷子通往江边，每巷 1 埠，共有 7 个埠头，分别叫渡头埠、水龙埠、打铁埠、牛轭埠、石板埠、水坎埠、航船埠，埠埠相连、埠堤结合，埠埠有榕、以榕固堤，形成较为完整的生态、景观、防洪体系。

温溪榕堤共有古堤榕树 26 棵，最大的榕树腰围达 11 米，盘根错落，枝粗干壮，树冠绿荫撑天，据传年龄最大的古榕树树龄已有 800 余年。当地人称这里的榕树为“榕树王”，传说当年曾受明太祖朱元璋敕封过。

古榕千姿百态，古堤、古埠与古榕树群是当地百姓休息乘凉、游览观景的好去处，也是一道亮丽的风景线，电影《阿诗玛》《蓝天鸽哨》，电视剧《走入欧洲》等均曾在此拍摄外景。

温溪榕堤还是一处红色文化基地，竖立有“温溪航船埠战斗纪念碑”，记录了 1948 年 8 月 26 日中共浙南特委机关报《浙南周报》作过专题新闻报道的温溪航船埠伏击战始末。

春水平堤·堤堰

小水门水障

砻甃坚固　水不为患

小水门水障位于丽水市莲都区万象街道凤凰社区万象山南园南侧，北倚万象山，南临南明山及南明湖，始建于元大德七年（1303），水障呈三角锯齿状，用条石砌成，每块条石厚约 0.5 米，长约 1.5 米。水障高 7.5 米，迎水面底长 13 米，从瓯江北岸突入江中，阻挡洪水横决入城。“元大德中，筑水障于上流，则括苍较缓。”上游溪

小水门水障

小水门水障保护碑

口过来的溪流径直冲激在水障西壁，遇阻回旋后折向东南，从而避开了小水门。这个始建于元代的水障在明、清两代曾增石修筑，现保存基本完整。

关于水障的建造，相传为异人所为。明万历七年（1579）熊子臣、何镗纂修的《栝苍汇纪·地理纪》载：“（琵琶洲）洲之北，依山为石水障，砻甃坚固，水不为患，郡城赖之。［按：水障之设，所以障上流东冲，厥功甚大。考之古志，有云：元大德癸卯（1303），有异人来募民财，欲建桥于此，凿石于桃山，置局济川桥侧。至皇庆壬子（1312），历十年，止成水障一墩而去，桥竟未弗成。今俗呼为仙人渡，意或以此。继是，郡守韩公斐修筑之。久而内虚石，渐以颓。嘉靖戊子（1528），郡守潘公润复捐俸遣工运石镇之。此防水患之最急者。］”然而，仙人造水障毕竟只是民间传说，据志书记载，真正捐资建造水障的“仙人”是元末明初时松阳横坑的善士吴亨。“吴亨，松阳人。性倜傥，尚节义。洪武初，出资财，筑处州左渠城五十丈。”

现在，小水门水障保存基本完整，还能起到防洪、防冲的作用。同时，江滨栈道经过此处，让这里成为市民普及防洪历史知识的一个重要场所。

春水平堤·堤堰

刘坊水碓

鹰嘴镇蛇妖

刘坊水碓，原名“老鹰嘴”，位于龙泉市刘坊行政村村头的安仁溪边，建于明代，是为其下游的永和桥挡洪保护的水障工程。据《龙泉市水利志》载：“刘坊水碓建在刘坊村安仁溪边拐弯处，水碓用条石砌筑，有6米多高(水下约3米)，工艺精细，虽然没有钢筋水泥，但十分坚固，至今完好。”

刘坊水碓

太阴宫

刘坊水碓是用条石砌筑成的墩式建筑物，前面有劈水刀，刀口中间有藏在墩内的宝剑头露出，上面有石制的老鹰头眺起的形状，故名“老鹰嘴”。民间传说，把老鹰塑在这里守护，如果洪水来临，蛇礁兴风作浪，蛇就会被老鹰吃了，刘坊村就会安然无事。民众见水碓防洪有效，便有“水神”威力镇“水妖”的故事流传下来，并在水碓边盖起了水神庙，香火旺盛，成为安仁的一大胜迹。

水神庙在清末时改名为太阴宫，位于刘坊村首、南涧街西端，西北临西溪（老鹰嘴），西南为稻田，余为村舍。根据脊枋上的文字描述，该殿建于清光绪二十八年（1902），神位供奉陈氏夫人。

刘坊水碓临水而建，环境优美，人文气息浓厚。“老鹰嘴”在安仁溪小流域综合治理期间“修旧如旧”，向前（西）移出。太阴宫则为当地村民日常祈福消灾的场所，建在刘坊村安仁溪边拐弯处。刘坊水碓虽然已失去昔日的防洪功能，但村民们将刘坊水碓修旧如初立于此处，说明在他们心目中，刘坊水碓还能发挥“水神”的威力，起到镇压“水妖”的作用，这实际上也是一种对今天的美好祈愿和对先祖的敬仰与纪念。

高峡平湖·灌溉工程

高峡平湖·灌溉工程

松古灌区

世界灌溉工程的『活态博物馆』

2022 年 10 月 6 日，松古灌区成功入选《第九批世界灌溉工程遗产名录》。松古灌区位于松阳县，是瓯江流域最大的盆地形灌区，灌区面积 16.6 万亩，起源于秦汉、发展于唐宋、成熟于明清，是中小流域古代灌溉工程的典范。其主要特色为灌区起源早、灌溉体系完备、历史信息来源真实、工程技术先进、建管体系健全。

松古灌区全景

一、灌区起源早

据《史记·东越列传》和《松阳县志》记载，汉景帝三年（前154），因吴王濞谋反事件，导致闽越国和东瓯国时常交战，彼时松阳为东瓯国后方的主要产粮区，前方交战使松古盆地人口得到进一步聚集。公元前138年，《史记》记载“闽越擅伐，东瓯请降”，东瓯国降汉而举国北迁，被汉武帝安置在庐江郡（今安徽合肥），自温州沿瓯江水路经松阳古市驻扎后转衢州入江淮。因松古盆地条件优越，部分军民留下开垦耕作，古市成为东瓯国北迁的重要补给基地。同时，松古灌区人口和农业得到更大的发展，到东汉建安四年（199），松阳社会经济的发展具备了一定的规模，汉献帝由此设立了松阳县。据《叶氏广远宗谱》记载和实地挖掘出土的汉砖证实，东汉建安二年（197），汉光禄大夫叶望迁居松古盆地卯山，建塘治水造地，近2100年的松古灌区灌溉史由此开篇。

二、灌溉体系完备

在松古灌区，金梁堰、青龙堰、白龙堰、杨六郎塘、风水塘、刘家塘、天师渠、官塘井、兰雪井等一大批千百年来在不同时期修建的，用以引水、蓄水、提水的水利工程，构筑了“堰渠塘井合理布置、引蓄灌排有序组织”的长藤结瓜式灌溉网络，雨季蓄水灌溉排涝，旱季山塘井泉补水，大旱不竭，晴雨兼顾，配合轮灌制管理，有序组织引蓄灌排，形成了符合现代水利工程理论的多级灌溉系统。据《民国松阳县志》记载，松阳在当时有古堰120座、山塘8座、古井1180多眼，至今仍在发挥功能的、可灌溉千亩以上的古堰有

一马平川的松古灌区

14 座。这些古水利工程至今依旧活力四射，松阳像一座拥有强劲生命力的活态水利博物馆陈列在江南大地上。

三、历史信息来源真实

松古灌区及其骨干工程的历史证据主要为《叶氏广远宗谱》《浙江分县简志》《松阳县志》《周氏宗谱》等地方文献及历代遗存下来的榜文、碑刻、摩崖石刻、文选等实物。

从明天顺元年（1457）至清光绪九年（1883）这 426 年间留存下来的榜文共有 18 篇，另有古圳图 1 张、明清时期的碑刻 14 方、摩崖 2 处、文选 8 篇。

四、工程技术先进

松阳先民早在千年前，就在松阴溪上采取无坝引水和有坝引水两种方式取水灌溉。

无坝引水如金梁堰，《重修京梁堰碑》记载："溯圳之所，始在元，初则由七象鼻潭入水。至明洪武年间，改而下之，则由轭儿洞潭入水。"

竹笼卵石堰

青龙堰、白龙堰、芳溪堰等为有坝引水，其筑坝技术初为竹笼卵石堰。松古灌区各堰坝用的竹笼卵石堰具有施工制作简便、受力结构科学、就地取材经济等特点。其施工工艺为：第一，将大毛竹分瓤剖成8—10缕，根部保留3—4节完整的竹节；第二，用直径20—60厘米的竹箍，先小后大，至中部为最大，间距40—50厘米一个，放入毛竹分瓤后支撑成竹笼。第三，在初步支撑成形的竹笼外，横向竹箍处用两至三支竹篾按里外编织加固成横向受力结构。第四，将大小卵石填入竹笼中，到头部后预留长度约50—60厘米的竹缕进行编织封口，构成完整的筑坝构件，用于筑坝、围堰、护岸、护坡；考证记载干流堰坝到明万历年间改为干

水田相依

依水而居

砌石坝并在河中设巨闸控制水流以利通航，支流在北宋时期改为砌石坝。

五、建管体系健全

数百年来，松古灌区先民以榜文、碑刻、文选等形式，翔实记录了“七三”立项、“民办公助”、“借地建圳”等建设机制，以及“汴石分水”“定期轮灌”“圳田制”“堰董制、圳董制”“水权管理”等创造性的灌区管理机制。

《百仞堰记》通过记载明代周宗邠兴利弊害迁堰的事件，总结了古代水利工程“七三”法选项原则，是历史上第一次用定量分析法来解决水利工程项目兴建与否的典范；数百年前在建设资金筹措方法上已采用了“民办公助”和有组织的筹资投劳、独资捐建等方式；《石门圳碑志》揭示了古代水利工程建设用地难题破解的秘诀是“借地建圳”。

金梁堰进水口的“牛窦潭”中有一巨石，形

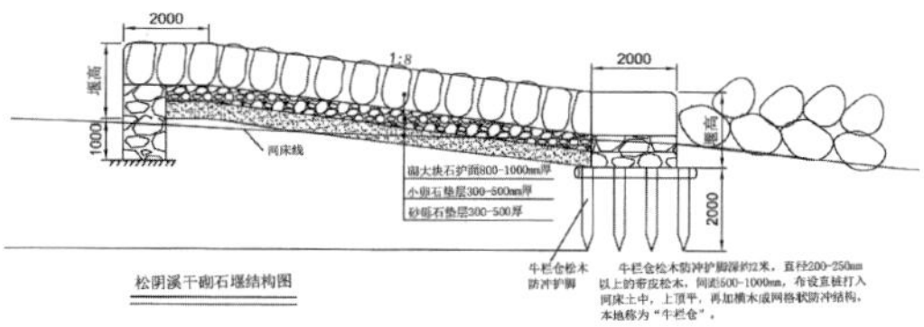

松阴溪干砌石堰结构图

似潜在水中的“牛背”。先民观察“牛背”入水深浅，利用平水原理预测旱涝、调度水务，是古代瓯江流域开展水文观测的最早实证。

据明、清时期的榜文和碑刻中的记载可知，松阳先民们根据不同村落的用水需求，取标准尺寸的“汴石”，用铁水浇筑来固定进水口的流量进行分水，规范引水渠道的长宽深浅，合理分配水量，巧妙解决了持续百年的取水纠纷。在水资源分配和水权管理制度上，真实体现了自宋以来开创性实行“定期轮灌”的情况，规范了用水秩序，形成了体制性的水权许可、变更、保障和交易制度，还记录了落实长效管理经费的“圳田制”、实现集体领导的“堰董制、圳董制”、对灌溉面积精准核算的“民报官核制”。

从治水、管水到用水，松古灌区随着时代的发展逐步建立起来的建管机制科学又完善，体现了先民们的集体智慧。

高峡平湖·灌溉工程

大洋水库

世界小水电的典范

大洋水库位于瓯江支流盘溪上游，缙云县东南部大洋镇西北 2 千米处，距县城 35 千米。水库坝高 47.5 米，长 180 米，总库容 1508 万立方米。

大洋镇依山傍水，风景秀丽，自然条件优越，森林资源丰富，自然植被完整，有良好的高山条件，形成气候温凉、雨量充沛、空气湿润的生态特点。盘溪是缙云县内的一条山溪，发源于大洋山，属

七彩大洋水库 / 应晓斌　摄

大洋水库史迹陈列馆 / 吕武鸿　摄

瓯江水系好溪南岸支流，终年雨量充沛，蜿蜒曲折，落差大，水能资源集中，其上游是缙云县最早进行梯级电站开发的小流域。

大洋水库始建于 1970 年 8 月 1 日，1973 年 4 月建成投入使用。水库规模宏大、气势雄伟，坝体用乱石砌面，上写有 50 来米见方的“大洋水库”四个大字。水库建设期间，形成了“自力更生、艰苦奋斗、不计得失、舍己为公、团结拼搏、奋勇争先”的“大洋水库精神”，是缙云人民艰苦奋斗干水利的一面旗帜。当年，浙江电影制片厂被缙云人民的冲天干劲所感动，专门派出摄制组对大洋水库建设工程进行长期随访随拍，并于 1974 年制作了电影《青山明珠》。影片保留了水库建设的大量宝贵资料，在当年的丽水地区可谓独一无二、独享殊荣。

水库建成后，又在下游胡源乡及舒洪镇依次建成 7 个梯级电站，开发河段集水面积 84 平方千米，长 22.6 千米，自然总落差 653 米。这种“梯级开发、引水补源、级级相连、一水多用”的盘电模式在 20 世纪 80 年代就闻名于世界，并被收入水电相关的教科书中。

大洋水库及盘溪梯级电站使得水的优势得到充分的发挥，水资源得到充分的利用，为缙云县的工农业生产提供了能源保证，既起到拦蓄洪水、减轻下游

俯瞰大洋水库 / 盛顶立　摄

洪灾的作用，又兼收灌溉、水产之利，增加了粮食产量，还减少了购买电、煤、油的开支。1979年全世界小水电会议在大洋水库宾馆召开，共有40多个国家和地区的专家参加，大洋水库及盘溪梯级电站作为世界小水电的典范，得到与会专家的充分肯定。1980年10月，参加第二次国际小水电会议的联合国官员和各国代表60多人，在水电部李伯宁副部长陪同下，来缙云参观考察盘溪梯级电站工程，其成就得到与会专家的充分肯定。2021年，缙云县建成大洋水库史迹陈列馆。该场馆是丽水市第一座以水利为主题的陈列馆，集中展示大洋水库、盘溪梯级电站的建设历史及“大洋水库精神”，并制作宣传片《天湖》。2022年1月，大洋水库入选浙江省第一批水工程与水文化有机融合的典型案例，系丽水地区唯一一个入选案例。

云和梯田灌溉工程

云雾奇观中的中国最美梯田

“春飘条条银带，夏涌道道绿波，秋叠层层金塔，冬砌块块白玉”，中国最美梯田——云和梯田，一年四季景象万千。

云和梯田，原称梅源梯田，位于县境南部的崇头镇，距县城 10 千米，最早开发于唐初，兴于元、明，距今已有 1300 多年历史。梯田面积为 50 平方千米，海拔跨度为 200 米至 1400 多米，

云和梯田

云雾点缀下的云和梯田

垂直高度达1200多米，跨越高山、丘陵、谷地三个地质景观带，有700多层，横向延伸3000多米，纵向延伸1500多米，具有体量大、曲线优美、震撼力强、四季景观独特等特点，是华东地区最大的梯田群，被称为“中国最美梯田”。目前，云和梯田景区内拥有梯田、云海、山村、竹海、溪流、瀑布、雾凇等自然景观，是中国摄影之乡丽水的主要采风基地，也是云和县首批国家4A级景区、省级文物保护单位，更是国家级湿地公园、国家水利风景区。

云和地处浙西南，居丽水市中部，始建县于明景泰三年（1452），据《浙江通志》记载：“景泰三年，析丽水之浮云、元和二乡，县名曰云和。”云和素有“九山半水半分田”之称，山区缺田，便向大山要耕田，搞起了梯田。据清同治三年（1864）版《云和县志》记载：“云和以前，土广人稀，天多荒芜，谷贱伤农，粮多逋欠……由是垦辟众而田土辟也。”

云和梯田的最早垦荒者相传是由闽北迁徙而来的山民及在银矿挖掘的矿工。聪明勤劳的先民，伐去树木与荆棘，挖去乱石与杂砾，经年累月地开垦或宽或窄的梯田，不规则地依山顺势扩展，成就了成千上万亩层层叠叠的梯田。区域内溪流潺潺，水系发达，水源充足，水质甘甜，溪流自上而下汇入崇头溪。在山谷溪流筑堰，在山腰开渠架笕引水，或梯田山泉自溢，又形成了梯田独特的灌溉系统。云和梯田是云和山区主要粮食产地，也是当地千年农耕文明的成果。

云和梯田灌溉工程以崇头镇下垟、梅竹村为核心，涵盖崇头镇栈云桥以南的崇头、梅源、南山、栗溪、下垟、张化、砻铺、坑根、梅竹、水碓垟、叶垟等 11 个行政村及云和林场朱宅林区。因为海拔较高，田中的水和河谷中的水蒸发而上，受气流影响形成云海，水分又被林木充分吸纳化为云雾烟雨，驻于高山丛林，立足山巅田间，常可见白云缭绕，虚实相间，富有层次，“云雾奇观，浮云世界”就是云和梯田的一大特色亮点。

梯田以水田、树木、竹林调节气候，保持四季的气温与湿度，建立起一个自我循环的生态环境。云和梯田的湿地类型有人工湿地、高山沼泽化草甸和森林沼泽。湿地公园规划区占地 23250 亩，其中水田面积 6028 亩、高山沼泽化草甸湿地 72 亩、森林沼泽湿地 320 亩、林地面积 16830 亩。区域内森林覆盖率 62%，湿地率 26%，云和也因此被评为全国生态环境十佳县。

高峡平湖·灌溉工程

南尖岩梯田灌溉工程

『四素同构』生态系统

虽然尚未声名远播，遂昌南尖岩梯田还是以悠久的人文历史积淀和质朴本真的自然风貌成为浙南山城的风景。大片壮观的梯田出现在遂昌县典型的山地丘陵地带中，因为这里群山环绕、耕地稀少，山民们因地制宜开辟出适合耕种的梯田，年复一年，就渐渐形成了如今的规模。

在遂昌山区，可以说凡有水源的地方都可开

与景色融为一体的南尖岩梯田

南尖岩梯田

垦梯田种植水稻，拥有极高森林覆盖率的大山形成了一道天然的屏障，层层叠叠的梯田就是线条和色块的完美组合，站在高处望去，梯田成为抽象的风景画，曼妙的曲线成了大山的“指纹”。

南尖岩位于遂昌县城西南 50 千米处，是遂昌县主要的旅游资源集聚区，属国家 4A 级旅游景区，还被联合国科教文组织授予“国际摄影创作基地”称号。著名的南尖岩梯田就在景区中心石笋头村的下方，属大坑村，面积约 280 亩。据大坑村中老人介绍，自明代起就有人在此开垦田地，逐渐形成村庄，故梯田始建年代应为明代。

南尖岩梯田位于南尖岩西麓山坡间，东起后坪，西至陈坑，南起叶坞，北至大坑村屋后，东西宽约 1500 米，南北长约 2000 米。沿着六道山脊、五道山岙，依山辟田近 600 亩，东西梯田高差约 300 米。梯田依山势水平开辟，田坎多为山坡土坎。田多绕山呈狭长形，面积一般以 0.5—1.0 亩居多，最大的 1.4 亩。田坎一般高 1—2 米，最高的 7—8 米，长度一般为 70—100 米，最长的有 200 余米。梯田的土质，东部多为朱砂土，南部多为香灰土，西部多为黄黏土，际下源一片多为砂土。

南尖岩梯田以种植水稻为主，当地人根据不同的地形、土质修堤筑埂而成。梯田所处山体平均坡度约为 30 度，田循坡面布置连片，从山谷溪流中引水顺水沟盘山而下，在层层梯田中形成自流灌溉系统，高低错落，其线条如行云流水，潇洒柔畅，形成妩媚潇洒的曲线世界。

梯田的周围植被以香榧、竹林为主，植被覆盖率在 70% 以上。周围地质的酸碱度为 5.0 左右，是竹木生长的最佳土壤，已孕育成多处竹海。竹海空气清新纯净，负氧离子含量较高，山、水、梯田、竹海、村庄和谐地融为一体。

南尖岩梯田见证了浙西南山区历经数百年来特有的稻作文化历史，反映了在土地利用和农耕过程中逐步形成的“林地—村寨—梯田—水系四素同构”的生态系统，以及逐步形成的人与环境的独特生活模式和文化景观。南尖岩梯田因地势状况、气候条件、水源分布、生态环境的差异及开垦规模和海拔高差的不同，形成了独具特色的梯田景观，系大坑居民世代用血汗和生命在大山上垒筑的奇迹，是人文资源与自然资源的完美结合，是一个农耕文化的奇迹，是人与自然高度和谐的典范。

近年来，南尖岩景区开发日益完善，在景区俯视梯田尤为壮观，“看山、看云、看梯田”，南尖岩梯田是景区最大的特色景观。

高峡平湖·灌溉工程

郑坑吴布梯田灌溉工程

大山深处『畲田梦』

沿千峡湖顺流而下，经梅坑，向南崎岖折入大山，海拔 100 余米至 500 余米不等，一条小溪蜿蜒潺潺，如流动的碧玉。小溪两岸的缓坡凹地上星罗棋布着 11 个自然村，统称吴布行政村。《景宁县地名志》载：“……景宁县城东北 16.9 千米，属郑坑乡……村以吴村、布袋后两村名第一字得名。”

春耕图

春回大地

环视村落，群山耸峙，梯田层层，炊烟袅袅，仿佛置身世外桃源。全村有200余户800余人，畲族人口约占50%，其比例为全县各乡镇之最。其中吴村是最大的村落，居民均为畲族，至今依然较完整地保留着许多原生态的畲族生活习俗及传统劳作模式，有“生活着的畲族民俗馆”之美誉。据考：吴村原为吴姓开基，清中期雷姓畲民由敕木山迁入，吴姓远迁，雷姓后人褒扬感恩，延袭村名。

吴布村所在的郑坑乡是华东第一峡谷炉西峡的入口处，又处在滩坑库区旅游圈内。境内有耕地面积2673亩，林地40258亩，原始林近3000亩，森林资源丰富，生态环境良好。郑坑乡自然景色优美秀丽，抬眼可见山峦起伏、云雾缭绕，登高鸟瞰，千亩梯田连绵层叠。梯田集中分布在郑坑乡吴布村、柳山村、郑坑村等区域，总面积1400余亩。

郑坑吴布梯田灌溉系统科学合理，达到了森林耕地与村落的和谐统一，形成了高度协调的生态结构。在浙西南的梅雨季或台风季，吴布的原始森林会积蓄大部分的水，形成一个天然“水库”，自然储水。而在少雨、干涸的时节，村民通过沟渠（土渠）将水引出，加上梯田旁边那在大山深处长年流淌的桃树湾坑也是引水灌溉的主要途径，这就能保证梯田不会干旱。梯田内坡度逐渐减

田园

田韵

大山的儿女

小，从而增加了地表径流的下渗量，减少地面冲刷，保持水土。梯田灌溉渠道纵横交错，能让山水滋润到每一寸土地。引水方式也多种多样，有通过土渠引水自然分流的，有通过现代的 PE 管引灌的，还有用通了节的竹筒（竹排）首尾相连做成引水水笕的，总而言之，吴布村世世代代的农耕习惯早已将渠道错落有致、科学合理地布局在梯田间，让水稻等农作物得到有效灌溉。

梯田四周群山环抱，森林植被良好，梯田蜿蜒连绵，一层层从山脚盘绕到山顶，层层叠叠，高低错落，弯弯曲曲，风光旖旎，一年之中景色各异、变幻无穷：开春之际，灌满水的层层梯田映衬着天光，如同银带相叠；夏日骄阳似火，绿油油的稻苗随着微风翻卷着道道绿波；金秋流光溢彩、漫山铺金，层层梯田若级

春光无限

级金阶；隆冬时节，银装素裹，把梯田和畲寨都嵌入那冰雕玉砌的童话世界里。

郑坑吴布梯田因其雅致秀丽，倍受摄影爱好者青睐。2018年，“诗画畲乡·丰收景宁”首届中国农民丰收节——畲寨秋收大会在这里举办，让这个小小的畲寨声名远扬。2019年，郑坑吴布梯田入选浙江省休闲农业和乡村旅游精品线路、丽水市摄影创作基地，并成为浙江省100个“最美田园”之一。

目前，郑坑吴布梯田已转型发展成为生态观光农业，围绕吴布梯田，打好畲族传统农耕牌，充分挖掘畲族山耕、山歌、祭祖等文化的神秘特色吸引游客；又围绕生态、绿色、环保、优质的生产理念，引进特色水稻试种。畲民们极具创意地以绿色叶片的水稻为背景，穿插种植深紫色、墨绿色叶片的水稻，拼出爱心图形、彩带纹样以及标志性的“吴布”字样，让梯田加入新时代的旅游元素，陡增生趣。吴布村还利用不同品种的水稻叶片颜色不一的特点，每30亩作一幅画，取名为《畲田梦》。游人登上柳山的观景平台，俯瞰山下，在壮观的“梯田画作”间怡情养性，醉心原野，梦圆“田园情”。

郭外人家·村落塔井

郭外人家·村落塔井

水韵古村——河阳村

『八士门』下『石稀罕』

缙云新建镇河阳村位于镇西北的新建溪南侧，是一个有着千年历史的古村落，系全国重点文物保护单位、首批中国传统村落。村里至今保存着明清古民居 1500 多间，古祠堂 15 个，古庙宇 6 所，古石桥 1 座，流传着堪称一绝的古文化——“河阳剪纸”。

公元 932 年，原吴越国掌书记朱清源兄弟为

俯瞰河阳村

河阳村牌坊

避乱世，携带家眷从河南信阳迁此，寄籍于这一方山水，故名河阳村。他们耕读传家，渐渐繁衍出一个望门大族：在北宋绍圣元年（1094）以降的 250 年里，先后出了 8 位进士。小小的村子，人才辈出，这样的辉煌在中国科举史上实属罕见，就连明朝开国皇帝朱元璋也感念朱姓先祖的荣耀，赐了一对“石稀罕”，并特赐一块“八士门”牌匾，褒奖勤耕苦读的河阳人。

聪明的河阳人把这块牌匾高高地嵌在村口的牌坊中。来到河阳，入村便一脚跨越千年，迎面就是一条古色古香的“八士门街”。有一句老话叫“不入八士门，不算河阳人”，说明这条街对河阳的重要性。“八士门街”不宽，却承载了河阳人所有的喜怒哀乐，既是村里婚丧嫁娶、走亲访友的必经之路，也是村民谈天说地、胡吹神侃

村内古建筑

的最佳场所。有趣的是，皇帝的恩典并没有给河阳人带来鸿运，“八士门”再也没有升格成“九士门”“十士门”，颇有些“月满则亏，水满则溢”的意味。不过，勤勉的河阳人还是守住了祖先耕读传家的古训，重农经商，富甲一方。

朱氏自定居河阳以来，已繁衍42代。江南不少朱姓人家，如青田、湖州、丽水、温州、台州，甚至福建福州、安徽歙县等地的朱姓，各支各派皆发源于河阳。而今，这个“烟灶八百，人口三千”，有着近1100年历史的古村庄，水系、道路基本保持着元代村庄的设计特色，十大宗族庄园式古民居建筑和十几座古祠堂则是明、清两代所建。该村的人九成姓朱，依然是家族式的生活，耕读传家，保持着古朴的民风民俗。早在

2000 年，河阳村就被公布为“浙江省省级历史文化保护区”，2013 年更是被列入第七批全国重点文物保护单位。

村舍呈块状三角形分布，村后为仙霞岭余脉中峰山，主脉中央垅左右各有两条小垅，一起汇聚到一个小山头，犹如五龙抢珠。村周群山环抱，村落及其所在盆地，恰似“莲花心”。河阳村“依山建屋，傍水结村”，借自然山水，因地制宜，体现的却是中国人“天人合一”的哲学思想。

村庄有两大四小共六处水源。大水源一为中峰山西北的碧河溪，由岩山下村外沿河阳村流入双港溪，再汇入河阳村前的新建溪；二为中峰山东南的无名溪，从韩畈村边开始，沿河阳村东南侧汇入新建溪。小水源都源于中峰山下福昌寺的新塘坑（八字门坑），从古村落东南部穿村流入新建溪。这六处水源既象征着河阳源远流长，又保障了村民的生产生活用水。

人们在生产、生活的同时，各种水利建筑也应运而生。除了八士门坑、下轮坑等，河阳人家里的消防水池、水轮车、水碓房、防洪墙等，无不展示了河阳丰富的水文化。

有意思的是，在河阳的很多人家门口都会用石子在地上堆砌一枚“气象钱”，据说有预报天气的作用。它的原理是：砖头浸过卤水，卤水有吸潮作用，若久晴转阴，空气中水分增加，地上这几条砖道就会潮湿。这是古人的一种智慧。

建于清咸丰年间（1851—1861）的公济桥，横跨在村头的新建溪上,乃河阳朱姓用了3年时间，费银6000余两独资建成。桥为五孔石拱桥，桥长87米，宽4.2米，矢高7米，孔净跨10.7米。桥面用均匀整齐的条石横排铺筑，两边设52个石雕栏杆，刻有花鸟等图案，气势雄伟。1862年曾被火焚，故桥头石板龟裂，至今还留有痕迹。此桥现在依然是新建溪两岸居民来往的主要通道之一。

河阳村内还有一口井，名陪嫁井，位于八士门西侧，始建于清嘉庆年间（1796—1820）。这口陪嫁井外方内圆，外径0.6米，被较好地保存了下来，今天井中仍有蓄水。从井栏的磨损程度可以看出，在当时该井应当是附近居民的主要生活用水来源。至于“陪嫁井”的得名，大致来源于“有女嫁河阳，赛过做娘娘”等当地俗语。

郭外人家·村落塔井

厦河塔

作塔兴文运 厦河镇瓯江

厦河塔位于丽水市区东偏南的好溪堰与瓯江汇合处旁的一座叫佛头岩的山上，原名佛头岩塔，因与夏河村隔好溪相望，故又俗称厦河塔。

该塔始建于明万历十三年（1585），因知府俞枫谷离任停工，直至万历二十二年（1594）知府任可容继而建成。清《道光丽水县志》卷三载："厦河塔在县东五里，又名碧云山，俗呼陈坛头。

塔镇瓯江水

厦河塔

大溪经其下，岩石砟崿，砥柱中流，城东之咽喉也。明万历十三年，知府俞均建塔于其上，未竟迁去。二十二年，知府任可容踵成之。”

关于该塔的建造由来，主要是为兴处州之文运。明代文似韩的《佛头岩建塔记》明确记载：“以栝人文未畅，从郡大夫士之欲作塔，以发山川之奇……顾今多制科，诸大夫士欲借助山川之灵……任公成之，则为完塔。学日进不止，则为完功。北斗泰山，百代瞻仰，岂独文雄一世，科名当时云乎哉！”

该塔除塔基用石块砌筑外，塔身、塔顶全部为青砖砌筑。塔基因地势高低差异，离地距离不同。塔身九层八面，内有佛龛，并设楼板，内壁置有砖梯，施转而上可登临七层。塔顶中间置塔心木，顶上为尖顶葫芦串形塔刹。

除了兴文之外，建厦河塔也是为了镇水。相传佛头山又叫虎头山，系虎妖所变；城的南面与虎头山相对也有一山，其形如巾，叫巾山，系龙妖所变。这两座山白日里相安无事，一到夜间常会移动合拢以堵江，于是瓯江与好溪汇合处常涨洪水，淹田倒屋、溺人夺命。某年，瓯江边搬来了一户铁匠，一日因两妖兴风作浪，洪水先后卷走了铁匠的三位亲人。铁匠遂用半年时间打造了两枚铁钉，将两妖分别钉死于巾子山和佛头岩，瓯江水道至此顺畅平静。那钉妖的长钉留在外面的部分，就成了巾山塔和厦河塔，也可谓是“一座塔镇一方水”。这些自然是传说了，但当时人们修建厦河塔，也是希望它能起到镇压洪水的作用，寄托着他们的期望。

青蒙塔

青云得路兴文脉　塔溪绿涨镇鸿波

青蒙塔，又名青云塔，位于松阳县西屏街道青蒙村青云山顶，明万历年间（1573—1620）由知县林大佳捐资兴建。

据《民国松阳县志》载："青云塔在县东十里青云山，万历间知县林大佳建，为邑治水口之华表，又在县城巽方主文风，取'青云得路'之意，故名'青云'，今称'青蒙塔'，音之误也。"

青蒙塔

而建此塔的来由，另一种说法是：古时松古盆地洪灾泛滥，民受其害，有大师来勘察后说："松水过直气泄，宜建塔于青蒙山，以镇之。"松阳知县林大佳慨然捐俸百金，首倡筑塔，后人在塔旁建祠祀之（祠庙今已毁），以纪念林侯大公无私、一心为民的治水之功。建塔镇水、减少洪灾的说法虽无科学依据，但林知县为民减灾、与洪水抗争之精神可嘉。

据传说，这里原先有两座山，一座叫青山，一座叫黄山，两山遥遥相对，中间隔着一条奔腾湍急的松阴溪，远望两座山好似一男一女痴立相望，故又称"雌雄山"。每到夜晚，两山会慢慢靠拢，把松阴溪水堵住。汹涌的溪水无处可流，只好往上涨，两岸的村庄就遭了大灾。这事被一位心地善良的老道士知道了，立志要征服这雌雄山，为民除害。他带领沿溪两岸的百姓，就地筑起几十个窑，烧了无数青砖，在雄山顶筑造了一座雄伟壮观的青蒙塔，像钉子一样钉在雄山顶上。雄山被塔钉住了不能动弹，雌山也自觉羞愧，不再向雄山靠拢。从此，松阴溪两岸的人民过上了安居乐业的生活。人们为了纪念这位老道士，在青蒙塔上刻上了他的名字。这个故事与厦河塔如出一辙，显然也是民间传说，但古代筑塔与水利之关系也可见一斑。

青蒙塔原为"松阳十景"之一，名"塔溪绿涨"，古塔、古木与山水浑然一体、交相辉映，古朴雅致、熠熠生辉。

青蒙塔为空筒体砖塔，六面七级，塔高 31 米，塔门西北向，底层面宽 3.08 米；塔身厚 1.36 米，有一拱券门，高 2.27 米，宽 1.36 米。塔内原有木构楼梯盘旋而上，二层以上壶门隔层相间，每层辟有 3 个壶门，菱角牙子叠涩出檐，用砖砌成筒瓦状的瓦垅、勾头、滴水。塔刹四级相轮，顶为宝葫芦。塔基周围用条石铺设，进深 2 米。1993 年，松阳县文保部门对塔身的 4—7 级东南转角处遭雷击受损部分进行了修复，并粉刷塔体，目前该塔保存完整，具有较高的历史、科学和艺术价值。

郭外人家·村落塔井

独山古井群

滋养独山古村寨

独山古井群位于焦滩乡独山村。独山村距遂昌县城约 40 千米，村外有乌溪江，天马山孤峙村西，笔峰、石梯峰壁立村东，并有寨墙拱卫南北两端，是浙南山区较典型的古代村寨。

古村历史可追溯到 1000 多年前，南宋孝宗年间（1163—1189），叶氏家族自松阳迁居于此，繁衍发展成村。明嘉靖年间（1522—1566），村

正统九年井

民叶以蕃得中第二甲第十九名进士，官至工部员外郎。一时村中文风卓盛，名士辈出，胜迹日辟，村容大壮，人丁兴旺，民间有“独山府”之称。独山村村落形态紧凑奇特，建筑规模不大，但非常精致。1991 年 10 月，独山村被公布为浙江省首批历史文化保护区、国家级传统村落、中国历史文化名村。

村中有明代古井群。传说独山村有古井七口，今存三口，分别是正统古井、隆元古井及一口无名古井，其中正统古井和隆元古井现已被列为县级文物保护单位。

正统古井坐落在天马山东麓、公路西侧。据《浙江省遂昌县地名志》和《遂昌县志》（1996 版）记载，该井井圈花岗岩质，外形有 6 面，面阔 37 厘米，圈高 46 厘米，圈面刻有“正统九年甲子孟春朱叔明志”。其中“朱叔明志”为小字集中刻于一面，有一面空白无字，其余四面各刻二字，字形颇大。井自明正统九年（1444）始建至今，已历近 580 年。

隆元古井坐落于独山村街道东侧，叶氏房后空地中。据《遂昌县志》（1996 版）记载，该井井圈为花岗石质，内外俱呈圆形，内圆直径 43 厘米，井圈高 47 厘米。井圈表面自右至左镌刻“孤松清泉”四字，另刻楷书小字“隆庆元年冬立”。经考证，此井所在乃是明隆庆年间（1567—1572）工部员外郎叶以蕃家族房地，被认为是叶氏所建，自始建至今至少已历 450 年。井水充盈不涸，数百年来，一直供人汲饮。

独山村水井群建筑年代明晰，保存较好，有一定的价值。除了古井外，还有叶氏宗祠、石牌坊、古交通要道等历史遗存以及普通民宅群为主体、具有相对完整的成片传统居住街区。这几口古井，一直滋养着独山古村，直到今天。

郭外人家·村落塔井

观前井

水质冠绝处州府

观前井，位于丽水城内大猷街东侧路旁，因在玄妙观前，故称“观前井”，又称“大井”，是清道光二十六年（1846）《丽水县志》里记载的丽水城内 14 口名井之一，或曰始建于晋代。旧时，观前井水质为处州诸井之冠，清《光绪处州府志》有载：“观前井，今名大井，水甘洌，为郡冠。”

观前井

观前井铭文

玄妙观始建于晋代，原称老君庙；唐时改称开元观；宋代改称天庆观，由大书法家米芾题额；元代时改称玄妙观；清代则呼为关帝庙。古井就在庙的前面。

观前井东、西均为民宅，圆形井壁为大块卵石砌筑，直径 1.5 米，石质六角井圈由六块石板榫卯拼砌，高 0.8 米，圈壁厚度为 13 厘米，井深约 10 米。石质井圈留有许多绳子磨勒的凹痕，深约 3 厘米。古井边的石栏已残破不堪，人们用钢筋水泥予以加固，顶上用钢筋做了盖子加以保护。井口外壁阴刻有“皇明万历七年重修、大清同治甲子三年重修、民国二十五年合村重修，冬立”字样。

该井历史悠久，历史上水质良佳，是民间相传神奇的“大井”，当年这清洁甘美的井水孕育了一方百姓，现保存完好，具有较高的保护价值。

郭外人家·村落塔井

卯山顶水井

此处真能通东海？

松阳县境内有一座卯山，山顶之上有一口水井，井口不大，如腰围般粗细。往井里望，井水深不可测，两侧的井壁布满了青苔，显得十分清幽。

卯山山势平缓，状若覆盆，秀松如展，坚石嶙嶙，昔为唐名道士叶法善修炼之所。山顶原有通天宫、点易亭、试剑石、紫霞宫，久废，山腰道院、俭公祠、白鹤洞等古迹犹存。卯山顶水井

俯瞰卯山顶水井

卯山航拍

卯山顶水井近景

位于松阳县古市镇卯山顶，据叶法善研究会叶会长介绍，该井始建于唐朝。唐代曾在卯山山巅建有寿昌通天宫，此井或为此宫汲水之处。古井为石质井圈，井壁为砌石，直径 0.42 米。

卯山顶水井究竟是在何年何月挖掘的，至今已无从知晓，但有一点是确定的，山上人家掘井取水，绝不会选择在山顶。因为山顶的水井并不能蓄水（地下水顺着山势流向山谷），就算能蓄水，也会因为植被的呼吸作用而经常干涸，但卯山山顶的井水却常年保持充沛。周边一带流传着这样一个传说：此井井水之所以能一年四季都不干涸，是因为井底深不可测，直接与东海相连，一旦井水干涸，海水便会涌过来补充，所以此井又叫卯山通海井。

这一说法甚至得到了大多数人的认可，因为这一带还流传着另一个与之密切相关的传说：相传在很早的时候，每个清晨只要往井口里一望，就可以看见一对乌贼在水面嬉戏。有人好奇，抓了一只煮了吃了。第二天往井口一望，发现水面上又出现了两只，于是那人又抓了一只，结果之后的清晨还是一样——两只乌贼在水面上晃悠，似乎什么事都没有发生过。抓乌贼的人非常开心，因为井里的乌贼似乎是无穷无尽的，从此每天抓一只回去下酒。有一回他心生贪念，觉得只抓一只太可惜，于是把两只都抓了回去，结果第二天往井里一看，空荡荡的水面再也没有了乌贼的身影，只有他可怜的倒影。有人说，这是因为那对乌贼正好是一雌一雄，抓了一只，另外一只就会沿着井底潜入东海，带着新的伴侣结伴游回井中。一次性就把两只乌贼抓走，其他的乌贼就再也游不回来了。

这两个传说相互印证，成了一代代人口耳相传的故事。当然这只是传说，或许只是希望能够保持一点卯山的神秘性，从而能够在某个阳光明媚的午后吟道："溪水清见底，游鱼如浮空。壁立千丈山，屈曲细路通。"

喷雪井

当年东坡题字处

喷雪井在云和县凤凰山街道城东3千米处的睦田村狮山上。五代后周显德五年（958），狮山普仁寺僧凿岩为井，井长1.4米，宽1米，深0.3米，方形井壁用鹅卵石叠砌而成。清泉从石缝中流出，色乳白，故名“狮乳泉”。井额上摩崖阴刻宋苏轼题写的“喷雪”两字。

离云和县城不远的狮山，是云和十大名胜之

喷雪井题记

一。狮山古刹普仁寺是狮山上的名刹，建于后周显德五年，清康熙五十一年（1712）重建，道光十四年（1834）再建新庙，掘得宋代古砖，镌刻有“嘉祐八年”的字样，可见普仁寺至今已承千年香火。最为神奇的则是狮山有一眼狮乳泉，又名“喷雪井”，泉水白如乳，喷似雪，掬而饮之，如嚼冰雪，而且不拘气象水文变异，井泉常盈不竭。狮乳泉赋予了狮山以活灵活现的生命力，并为其衍生出几多神秘色彩，泉上石壁刻的“喷雪”两字，相传系北宋著名文学家苏东坡的手迹。

据说，宋代普仁寺的住持前往杭州灵隐寺参加法会，偶遇苏轼的好友佛印和尚，两人在聊天时聊到处州狮山狮泉的神奇之处。后佛印与苏轼同游时讲给苏轼听，苏轼一听有这么个好去处，即兴神来之笔，挥毫“喷雪”两字，并作诗《赠诗僧道通》：“雄豪而妙苦而腴，只有琴聪与蜜殊。语带烟霞从古少，气含蔬笋到公无。香林乍喜闻薝卜，古井惟愁断辘轳。为报韩公莫轻许，从今岛可是诗奴。”

郛外人家·村落塔井

大济岭根古井

滋养一座“进士村”

大济岭根古井位于庆元县松源镇大济村名登天府路 9 号后，始建于宋代。

大济村位于庆元县城东南 2 千米处，有济川溪从村中流过。这个不足 300 人的小村，自宋仁宗天圣二年（1024）至宋理宗宝祐四年（1256）的 230 多年间，共出进士 26 人，并有出仕者 80 余人，故有“进士村”的美誉。大济村还完整地

大济岭根古井 / 吴鹏飞　摄

保留着明清古居、木屋廊桥、古井、古地道及金甃街、卢福神庙、吴氏宗祠等诸多古迹文物，为省级历史文化保护区、中国历史文化名村。大济村原有九口古井，现仅剩两口，大济岭根古井为其中保存较好的一处，对于研究宋代的古井及当时的挖井技艺具有一定的价值。

大济岭根古井深约 10 米，占地面积 16 平方米。圆形井壁用鹅卵石堆砌成瓮状，井口边缘以若干块长短不一的条石墁铺成，井口内直径为 1.2 米，中心微高，四周为稍低的排污保护层。井圈用四块条形石修凿堆砌而成，内圆外方，圈高 54 厘米，井圈内侧有多处明显的绳磨痕迹。

大济村最神秘莫测的，当数纵横地下的古地道了。根据《吴氏宗谱》记载，这个巨大的隐蔽工程是宋末元初为逃避战乱而建的。修建这些地道共花了 5 年时间，但何时何因又全部堵塞，至今仍是个谜。由于“祖训”有“族秘不可外泄”的禁令，所以直到今天，村民都将地道称为“暗龙”，打井挖沟都要绕过“龙地”，选在村口、周边。古井、古地道等古迹是大济村的瑰宝，如何开发并让这古老神奇的瑰宝放出光彩，是我们今天面临的新课题。

郭外人家·村落塔井

义泉井

千年古井号义泉　下通圣潭祀叶侯

龙泉城区处于群山环抱的河谷，形成以龙泉溪、云水渠为依托，以西街、北河街为骨架，以沿街店铺、社庙等公共建筑为节点，居住建筑成组团分布的街巷结构，兼具山地与水乡的特征。据清《光绪龙泉县志》载：龙泉有古井 26 口，其中县城名井 18 口。龙泉古井以位于城区的欧治子七星井最为著名，而保留至今、最为神秘的当属义泉井——这口位于义泉社神龛下的古井。

义泉社位于官仓弄76号宅西侧，义泉弄东端，北邻贤良路，南连民居，海拔高程 200 米，为街区历史文化主要节点。根据建筑风格判断约建于清代晚期。其神秘之处就在于神龛下布置有一口井，其庙因井而建，有井而有其庙。据清《光绪龙泉县志》载：“义泉井在县北隅，旧传井脉下与稽圣潭通，有龙潜焉，祷雨多应，井上立庙祀叶侯。”神龛下义泉井井口直径 75 厘米，井深尺许。义泉社平面呈横长方形，朝南，面宽 12.13 米，通进深 12 米，建筑占地面积

义泉井 / 徐永明　摄

义泉社 / 徐永明　摄

145.6 平方米。前有社门，建在义泉弄东端路道上。社门为亭式，东西为砖砌拱形门，建筑为抬梁式五架梁结构。北侧为义泉社主建筑，单体结构，单开间，进深 4 柱 7 檩，抬梁式五架梁结构。水泥地面，硬山顶，小青瓦阴阳合铺，有望板、牛腿等构件，格扇门窗制作较为精致，山墙上有传说人物画像数幅。

原庙内有双井，人民公社时期，社庙被生产队用作谷仓，谷糠倒入其中一井内，致该井废圮。

相传，义泉井与稽圣潭相通，内有一条蛟龙，被叶侯老爷所镇。神龛上供奉的神像即为叶侯老爷。旱年，百姓来此求雨，叶侯老爷使龙唤雨，很是灵验。《大明一统志》载："相传此井有龙居之，祷雨有应。"而那位叶侯老爷，据清《光绪龙泉县志》载："神姓叶，十九都武潭人，性诚笃、孝敬，尝自言遇神。家贫，每日肩所莳蔬至县街，鬻之蔬既尽，投其篮于义泉井，归辄取于溪，次如是者岁余。忽一日，自投井中，求其尸，不可得，越三日，尸出武潭浒间，乡人葬焉，遂立庙奉祀。”该志还记载说“神生唐贞观初”，可见，这个社庙当建于唐贞观年间（627—649），这条巷子也被叫作义泉社。2014 年，社庙被公布为龙泉市文物保护单位。

活水穿田·塘渠

活水穿田·塘渠

古方塘

瓯江流域最古老的水利工程

古方塘号称“缙云第一塘”，是古代浙江的三大名塘之一，更是瓯江流域最古老的水利工程之一。古方塘位于缙云县胡源乡海拔 1245 米的古方山山顶，始建于三国东吴赤乌二年（239），是瓯江上游主要支流盘溪的主要发源地。明永乐八年（1410）重修，清嘉庆二十三年（1818）重修，1970 年扩建，至今古方塘已有 1700 多年的历史。

古方塘水库

古方塘水库外坝坡

古方山在缙云县城东南22千米处，以山顶有池名古方塘而得名。古方山属括苍山脉，山体由凝灰岩、花岗岩构成。古方天桥，又称古方胜利渡槽，始建于20世纪70年代初，位于缙云县胡源乡上坪村上宕自然村的布袋岙，南北相接长为125米、高为28.7米。修建渡槽全部用从古方山脚采来的花岗岩石，且全部是人工修建的，没有使用任何机械设备，这样的石拱天桥在浙江省是不多见的。渡槽的主要功能是用来通水，即将古方塘水库的水通过天桥从南边引到北边，灌溉当地村民的农田。同时，天桥所在地也是瓯江流域与永安溪流域的分水岭。

古方塘水库西坝一侧岩坡上立有四块石碑，分别为："赤乌二年修""永乐八年八月十五修""古方水库扩建于一九七零年　胡源公社一九八〇年九月""中国东部地区重点小型病险水库除险加固工程　古方塘水库　公元二〇一〇年十二月”。这四块石碑就记载了1700多年的古方塘历史。

现在的古方塘水库坝高38米，长130米，蓄水量为128万立方米，水源主要来自天然雨水及塘底泉水，主要灌溉上宕村、上坪村、蛟坑村和胡村村等村农田，涉及胡源乡的大半。古方山脚建有水力发电站一座，充分发挥了发电灌溉的综合作用。古方塘水库所在地自然环境优越：水库东边地势平坦，人称塘圩，是草地；水库南面是古方山最高的山峰，距水面60米左右，站在山尖可俯视仙居、永嘉、青田、丽水、永康等地；西面是西角堰坝，胡源乡各村就在脚下；北面是古方坝，一眼望去，溶江乡各村清晰可见。从古方天桥、古方塘水库、古方山尖再到山铁岭、上坪村，已经成为一条经典的驴友徒步线路。唐代诗人方干有诗《自缙云赴郡溪流百里轻棹一发曾不崇朝叙事四韵寄献段郎中》云：“激箭溪湍势莫凭，飘然一叶若无乘。仰瞻青壁开天罅，斗转寒湾避石棱。巢鸟夜惊离岛树，啼猿昼怯下岩藤。此中明日寻知己，恐似龙门不易登。”

关于古方塘，还有一个传说故事。

东汉末年，群雄四起，纷争不断，民不聊生。玉皇大帝为救民于水火，令吕洞宾开凿缙云古方塘，汉钟离挖掘永康大一塘，铁拐李修建金华湖海塘，限一个时辰完工，由吕洞宾掌管开工收工时间，以放鞭炮为号。三位神仙各就各位。吕洞宾来到古方山，被神奇的岩石造型和优美的风景所吸引，经反复勘察后将塘址选在山顶几个山尖之间的低湿空旷处。于是他手握宝剑，口中念念有词，只见泥土纷飞，坚硬的花岗岩大块大块地落到南边的深涧，砌成了塘坎，接着泉水就从塘底涌出并渐渐上涨，古方塘开凿成功，像一颗灿烂的明珠在瓯江中闪闪发光。见凿塘成功了，吕洞宾才放起了开工鞭炮。这时，开凿永康大一塘的汉钟离还在酣睡；修建金华湖海塘的铁拐李还在婺城逛街，听到鞭炮声才一拐一跛地回到选定的湖海塘址。好个狡猾的吕洞宾，本来规定工期为一个时辰，但不到半个时辰他就放起收工鞭炮。回到湖塘址的铁拐李听到收工鞭炮声，急得丢下拐杖，屁股往地上一蹲，屁股形的湖海塘就这样出现了；本来在大一塘塘址酣睡的汉钟离连坐的时间都没有了，只好撑开手脚乱蹬，大字形的大一塘也就此诞生了。

活水穿田·塘渠

红旗渠

悬崖峭壁上建成的『人工天河』

龙泉“红旗渠”位于龙泉市屏南镇境内，它比著名的河南安阳“红旗渠”还要早建10年，建于20世纪50年代那个火红的年代。

龙泉红旗渠和安阳红旗渠一样，具有特殊的时代意义。当年屏南人民用“蚂蚁啃骨头”的精神，投工7800个，破6座悬崖峭壁，翻越27个大小山岗，成功地修筑了九坞、老鼠岩和牛场等5条穿山渠道，总长1万多米，灌溉农田1400余亩。这条劈山引水、在悬崖峭壁上建成的“人工天河”，被人称为“红旗渠”，它创造了当时人们眼里的“人间奇迹”。1959年元旦，在全国水利先进表彰会上，来自龙泉的代表们接受了由周恩来总理签名的大红锦旗，并受到了毛泽东主席的接见，成为“全国农业社会主义建设水利先进集体”。不久，浙江省委指示电影部门拍摄了影片《丰收红旗处处飘》。

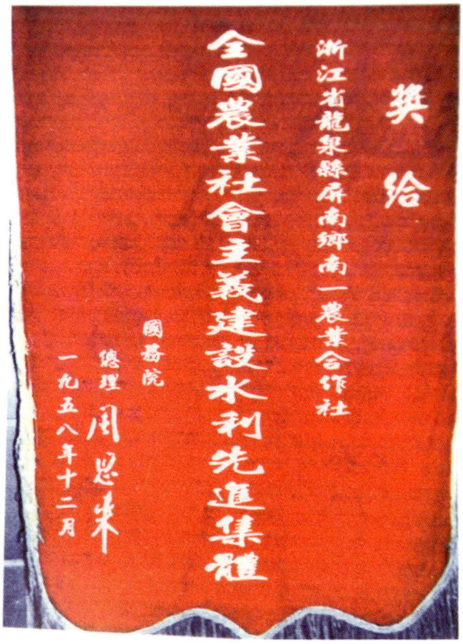

红旗渠锦旗（周恩来总理颁发）

而今，红旗渠所在的屏南地区已经被广大摄影爱好者誉为“神奇屏南”，是丽水、龙泉两级摄影创作基地，并已成功举办了三届高山生态摄影旅游文化节。

活水穿田·塘渠

丽阳渠

引水滋培处州城

丽阳渠，又称丽阳堰、丽阳坑，位于丽水市莲都区白云街道城北行政村，始建于宋，渠道起终点分别为白云山脚和溪口，所在流域为丽阳溪。

古时的处州城原本没有一条内河，因而但凡城内出现火患就无法救治；一旦淫雨连连，城内就汪洋一片。尤其是府治之东，旱涝频仍，灾患连连。南宋庆元年间（1195—1201），赵善坚任处州郡守，任职伊始便考察城府，见整个城内竟“无水以滋培之”，深以为忧。于是，他果断谋划，组织百姓疏浚丽阳渠等渠水，筑凿河渠，引水入城，是为清香渠。导流为二：一渠从东面出，历黄灵桥，过明秀桥经府治前，又东过县治南，至岩泉门百余武（1 武为 3 尺）从南边出城，至梅墩合好溪堰水，流入大溪；一渠从西南至张公桥，绕濠头街，过广运桥东南，抵应星桥下出城入大溪。

历史上的丽阳渠经过多次疏浚、修复，如明嘉靖二十四年（1545）、清顺治十七年（1660）、清康熙二十八年（1689）、清乾隆四十一年（1776）、清嘉庆五年（1800）、清道光八年（1828）等。近年来，随着城市发展，丽阳渠系已成为北城内河体系的重要组成部分，在防洪排涝、保护环境等方面的作用尤为显著，其河长由丽水市委书记亲自担任。

丽阳渠堰坝

活水穿田·塘渠

天师渠

供唐代名道士叶法善修炼饮水之用

天师渠，位于松阳县古市镇北部的卯山，距松阳县城 12 千米，相传始建于唐代。

卯山昔为唐代名道士叶法善修炼之所。叶法善，字道元，号太素、罗浮真人，括州括苍县（今丽水松阳县）人，出生于道士世家，精研周易，传习符箓。叶法善一生经历唐高祖、唐太宗、唐高宗、武后、唐中宗、唐睿宗、唐玄宗七朝，传承道家法脉，深得帝皇的信任和重用。开元十年（722），叶法善以 107 岁高龄去世，唐玄宗追

天师渠全景

源头活水

赠其为越州都督，并亲撰《叶尊师碑》作为祭奠。

卯山山顶原有通天宫、点易亭、试剑石、紫霞宫，久废，山腰道院、俭公祠、白鹤洞等古迹犹存。俭公祠为松阳叶姓后裔纪念始祖叶俭而建，叶法善为其十七世孙，祠旁即为叶法善的道院，天师渠位于院内，泉清现底、水质甘冽、冬暖夏凉、终年不涸，至今仍在使用。

明《成化处州府志》载："卯山，在县西三十里，上有天师渠，夏冬不竭。山乃唐祭酒叶静能及法善宅基，今为寿昌观。"民间广泛流传着有关天师渠的众多美丽传说。据《顺治松阳县志》卷一《舆地志·古迹》记载："天师渠，去县西二十里，在卯山之侧。尝有老叟诣门，号泣求救而言曰：'某东海龙也，上帝敕"主八海之宝"。'有婆罗门者逞其幻法于海畔，昼夜禁咒，积三十年，其法将验'海水如云，卷在天畔'，海将涸焉，统天镇海之宝必为幻僧所取，哀告求援。叶法善许之，遂敕丹符飞往，海水如旧。胡僧愧叹，赴海而死。明日，老叟辇奇宝来谢，法善不受，因曰：'此山峰去水甚远，但得一脉泉，即为惠也。'是夕，风雨大作。及天明，山涧之侧有泉迸出，经旱不竭。"

天师渠保存状况良好，所在区域系松阳卯山国家森林公园，园内树林繁茂，浓荫蔽日，具有优美的自然生态环境，天师渠独特的人文历史遗存又为景区增添了色彩。

活水穿田·塘渠

云水渠

龙泉古代最著名的水利堰渠工程

云水渠，俗称官圳，位于龙泉市城区，西起宫头村蒋溪筑坝引水，途中沿西街、北河街，东至黄灌段汇入龙泉溪。云水渠始建于北宋靖康元年（1126），是龙泉古代最著名的堰渠工程之一。

渠首筑有蒋溪堰，因堰头源于蒋溪而得名。蒋溪堰位于锦溪镇与岩樟溪的交汇处，堰长75米，顶宽2.3米，底宽10米，高3米，用卵石和块石

云水渠首蒋溪堰

砌筑。蒋溪堰将水引入云水渠，然后东向贯穿龙泉旧城区，至龙泉盆地入瓯江上游的龙泉溪。渠总长约 11 千米，宽深均为 3 米左右，原灌溉畈田 3300 多亩。渠壁用卵石与石板砌筑，是龙泉市区居民生活饮用、排涝、消防和灌溉的主水源，至 2005 年仍起灌溉作用。

云水渠部分地段屡次重修。据清《光绪龙泉县志》载：明嘉靖二年（1523），全面整修蒋溪堰、云水渠。县令郑宣作《遗爱亭记》追述"蒋溪堰""云水渠"的历史贡献，并著《龙泉水利》六卷，概述龙泉水利环境和古代水利建筑。清顺治九年（1652）知县徐可先、康熙三十八年（1699）知县金辉、乾隆二十五年（1760）知县苏遇龙、乾隆四十一年（1776）知县黄德中、同治七年（1868）知县顾国诏等，在任期内都曾倾力修筑云水渠水利工程。

据 1994 年出版的《龙泉县志》载：历代每逢洪水侵袭或市镇建设变迁，堰坝渠道便会毁损，屡废屡修。民国三十年（1941）六月、十一月两次进行清理疏通。民国三十六年（1947），由民间集资将李儿圆地段改道取直，重筑堤 93.9 米。

中华人民共和国成立后，党和政府十分重视云水渠的整修与疏浚。从 1954 年起，龙渊镇人民政府发动群众，花了 5 年时间，投入 4 万余工，上自宫头，下至马埠，截弯取直，拓宽加深加固渠道。1970 年和 1974 年，国务院曾两次拨款修蒋溪堰，将原来干砌石坝改为浆砌石坝，改进排灌系统，并引进宫头电站尾水，增加云水渠的进水量。1953—1974 年，西街扬碓埠和文化路分别开筑了连道排水渠，将水渠积水排入龙泉溪，旱涝两不忧。现在，渠道每隔两三年就要清理一次。

云水渠是龙泉市西街历史文化景区重要组成景点之一，2017 年 1 月被公布为省级文物保护单位。如今的云水渠风光还原了宋代诗人沈说作的诗《渠流》中的情景：

岸石湿黏萍，一渠流水清。
每来疑雨过，小立见鱼行。

松风排云·古城防洪

松风排云·古城防洪

处州府城墙

山区府城的防洪记忆

处州府城墙位于丽水市莲都区万象街道瓯江大溪沿岸。城墙始建于隋开皇九年（589），至今已有1400多年历史。处州府城墙布局具有鲜明的山区府城特色，砌筑技术科学合理，是研究中国古代城墙发展历史和古城布局的实物例证，2005年3月被公布为浙江省第五批省级文物保护单位。

处州府城墙

肃穆古朴的古城墙

处州是丽水的古称。古人讲究天地感应、天人合一，因此在分州置郡时常常会观察星象，寻找天空中对应的星辰。据明代的《名胜志》记载：“隋开皇九年……处士星见于分野，因置处州。”处州之名是因为丽水对应天上的少微星，少微星共有四颗星，最南的一颗星名为处士星，所以就有了“处州”这个名字。

现存的处州府城墙系元代至元二十七年（1290）割旧址之半而新筑的，具有防御、防洪双重功能。“处州路总管斡勒好古、万户石抹良辅委丽水县尹韩国宝，割旧城之半而新之，为门六，北曰望京（亦曰丽阳）、东曰岩泉（亦曰虎啸）、东曰行春（亦曰下河，俗呼厦河）、南曰南明（俗称大水门）、西南曰括苍（俗称小水门）、西北曰通惠（亦曰左渠）”，行春门与岩泉门之间有镇东楼，行春门至南明门之间有巽风阁，供奉朱熹。明嘉靖四十二年（1563），知府张大韶重修加筑，易砖以石。后于明崇祯（1628—1644）、清康熙（1662—1722）、清雍正年间（1723—1735）多次重修加筑。

相传，元末时，处州乡贤刘基曾组织修筑城墙堤坝，用铁汁浇固，谓之“铁坝”，位置大抵在今南明门与行春门之间、应星闸外围一带的城墙。处州府城墙沿江而立，所在流域为大溪，古时城墙有望京、岩泉、行春、南明、括苍、通惠等六门，现存望京门段、行春门段、南明门段、括苍门段四段城墙及瓮城，万象山南麓城墙，丽阳门 49 米砖砌城墙，以及泄水闸口、护城河遗址、城濠等古城墙相关遗址和遗存。沿江的古城墙很多被埋在地下，唯南明门至行春门、括苍门至万象山段保存相对完整。城墙用块石斜方格形干砌，内填砂石、瓦砾，城垛用砖砌筑，石砌部分残高 5 米，最宽处达 5 米。

处州府城墙砌筑工艺为浙江省孤例，具有重要的历史、艺术、研究价值，也是处州古城历史上的防御、防洪记忆。

松风排云·古城防洪

鹤城古城址

旧时青田半条城

“处州十县九无城，唯有青田半条城。”据《青田县志》记载，鹤城古城址始建于明嘉靖年间（1522—1566），位于青田县鹤城街道西南沿江的北岸一带，是青田县城中规模最大的古建筑。

青田自唐代建县起，四周就建有不少屏障，特别是县城南邻瓯江，常年暴发洪水，故早建有抵御设施。同时，为便利水运和居民生活，县城

太鹤湖沿湖古城址

青田县古城图

逐渐兴建起码头和堤坝，今登瀛门内墙幸存的元至正元年（1341）的刻石，可为佐证。以屏障作为基础，给后世大规模兴造城墙创造了有利条件。

明嘉靖三十五年（1556），为抵御倭寇，青田知县李楷、县丞熊缨率民兴造城墙。城墙三面依山，南以瓯江为池。明嘉靖至清末经五次整修，有城垛724个，炮台4座，城门9座。公元1913年，续开登瀛门。原龙津、丹山、赵山、锦屏山城门及城墙于20世纪50年代被拆毁，现存西南临江、自东而西的行春、石柱埠、清溪、中坊埠、大埠头、登瀛六水门。现存的一段古城墙长983米，高7至10米不等，均系花岗岩筑造。鹤城古城墙是一座集御寇、防洪为一体的建筑，它佐证了鹤城镇是青田县政治、经济、文化首地的重要性。1987年，这段 983 米的古城墙和六座水门被列为青田县文物保护单位。

2017 年，瓯江干堤青田鹤城段加固工程开始建设，主要建设内容包括瓯江干堤青田鹤城段防洪堤及景观工程，建成完工后，太鹤湖蓄水沿湖堤坝建成环湖观光带和市民休闲中心。沿湖堤坝与鹤城古城址环湖连接，融入了古城址城墙、古城门、古埠头、古桥、清溪古渡等水利文化遗产节点，实现了现代水利治理与古代水利文化遗产相融合的综合开发利用，并创建成太鹤湖水利风景区，助推青田县的全域旅游发展，实现了从水工程到水经济的有效转化。

玉津飞虹·桥

玉津飞虹·桥

安仁永和桥

浙西南现存最长的廊桥

永和桥位于龙泉市安仁镇，始建于明成化元年（1465）。这里原为浙闽行旅必经之地，所属水系为龙泉溪支流安仁溪。永和桥与济川桥、龙庆桥并称为处州三大名桥，后两桥均已毁圮，永和桥是唯一幸存下来的。

永和桥，原名“永宁桥”，由里人刘养怀、项舜恭募建，清顺治年间（1644—1661）曾毁于

永和桥全景 / 邓小萌　摄

永和桥牌匾 / 邓小萌　摄

火。康熙五十七年（1718），由刘灿、项镐倡募3000金重建，改名“永和桥”。相传，此桥初建时，当地项边（西溪）、刘坊（南涧）、黄磁（东湖）三村对桥址的意见不一致，黄磁村民认为要建在安仁村口，河东日升、河西月下，两山接连龙脉，拦住了“风水”，可以使村庄兴旺、人才辈出；刘、项两村提出将桥建在现址，横跨安仁溪上，使“隔河千里变通途”，便于生活、发展经济。争论间，黄磁村民赌气不干了。桥建成后，取名“永安桥”，但三村矛盾始终没有解决。有黄磁村的村民家娶亲嫁女的，刘坊、项边村不让花轿从桥上过；有刘坊、项边村的村民家娶亲嫁女的，黄磁村也不让花轿从桥上过，三村的喜事均不能办得称心如意。重建永安桥时，龙泉县知县出面调解，劝三村以团结和好为重，共同筹资复建，故改名为“永和桥”。

永和桥桥头 / 邓小萌　摄

永和桥全长126.3米，高10.65米，系石墩木伸臂梁结构双檐廊桥，有廊屋42间，是浙西南地区保存最好、最长的廊桥。桥墩上木伸臂梁双向平衡展出，并逐层出跳，使之形成下小上大的支座，缩短了桥墩的跨度，以减轻桥梁负荷。在木伸臂梁最上层架铺简支大梁，每孔 9 根，均为直径在 40—60 厘米的大松木，形成架设廊屋的桥梁平面。桥下溪中砌有护水坡，以松木纵横布框，内填大卵石，宽与河面相同，桥墩前后各伸展 20 余米，以此来保护桥墩及周边河床。两端桥头各有条石踏垛连接街坊。桥中央有一间重檐歇山顶桥心亭，北侧设神龛，原奉有关公神像。桥门上悬挂“永和桥”匾额，由浙江省博物馆原馆长汪济英题写。全桥雕梁画栋，十分壮观。

清咸丰五年（1855），洪水暴发，毁两处桥墩，咸丰六年（1856）重修。光绪十六年（1890），洪水冲坏石墩两座，里人项募修，刘高怀督工重修，耗金千余元，历经一年竣工。宣统三年（1911），山洪暴发，再次冲圮两处桥墩，次年重修加固。民国三年（1914），知县杨毓琦拨款重修。中华人民共和国成立后，人民政府曾多次拨款修理。1984 年，省道 53 改线经过安仁，于永和桥下游 80 米处新建公路桥——安仁桥，两桥并架，更为壮观。

如今，永和桥承载着历史沧桑依然横跨在安仁溪两岸，成为村民的休闲去处，也成为龙泉的著名景点。龙泉现代著名诗人吴渊其写有两首七律来赞颂永和桥的美丽，其一为：“横渡安仁千古桥，飞檐翻阁鉴前朝。凌空驾屋迎风立，卧浪拱楼映水摇。南北宫门流月影，东西高阙矗云霄。从容拾级风光好，即兴桥头酒一瓢。”

1989 年，浙江省人民政府公布永和桥为省级重点文物保护单位。2013 年，永和桥被列为全国重点文物保护单位。

玉津飞虹·桥

河桥

山区八字撑桥梁的代表

修桥铺路，是行善积德、利济乡人行旅的好事。但每每建造渡桥，或廊桥，或石桥，所费资金非平民人家所能及，常需仰仗乡里殷实富户。渡桥既成，历代呵护，屡毁屡修，为传统美德之延续。丽水市莲都区老竹镇梁村是人文底蕴深厚的千年古村，时至今日，该村的梁溪之上，尚存渥溪桥、河桥、独石桥（神仙桥）等古桥，久经风雨，尤

河桥

河桥保护碑

其是那座河桥，已被列为省级文物保护单位，是历代善士造福乡里的实物见证。

河桥坐落在村落西侧约 100 米处的渥川溪上，是一座三折边单拱石桥，建于明嘉靖二十一年（1542）。清《光绪处州府志》载：“河桥，县东五十里。明梁恳采石独建。”河桥为东西走向，全长 11.27 米，宽 1.73 米，高 3.1 米，净跨 11 米。

渥川溪由东北向西南流经桥下，北有高山屏障，南为中低山坡，四周皆为农田。河桥桥台由块石、卵石混合砌筑，桥拱架呈八字形，斜拱用并列三根扁长条石，拱顶安置桥面石板，折边之间以横锁石联固，桥面分节三列四块石板铺设。桥石板北侧壁刻隶书阳文“嘉靖壬寅年 里人梁□造”。

河桥为八字撑桥梁，其特点是桥墩像八字支撑着桥面。桥墩上不砌侧墙、填肚，以利于宣泄洪水。这种桥梁适应小溪众多、易于暴发山洪的山区。在莲都历代八字撑石桥梁中，河桥的时代最早，最具有山区桥梁代表性。

玉津飞虹·桥

宏济桥

遂昌的红色纪念廊桥

宏济桥位于遂昌县王村口镇桥东村，为木质平廊桥，位于关川溪上，东西走向，跨关川溪，连接桥东、桥西两村。

桥东村是王村口“红色古镇”核心区域。该镇位于遂昌西南部的交通要道上，水路与衢州相通，陆路与龙泉、江山、福建浦城相连，古时即是通衢入闽之要津。宏济桥始建于明代，初名济

宏济桥

宏济桥内景

川石桥，清康熙二十五年（1686）重建，乾隆年间（1736—1796）再建，改名为宝善石桥。光绪初，改石桥为木构廊屋桥，命名为“宏济桥”。宏者，屋深也，深大之瓦屋，桥上有廊亭十丈余，故曰宏；济者，渡也。桥名直译即“桥面上有大廊亭的渡溪桥”。该桥为X脚架木梁13间廊屋桥。桥长34.97米，宽4.8米，高7.58米。木构廊屋桥身，主桥9间，引桥4间，抬梁结构。两边檐柱有牛腿，上置檐枋。桥西边檐柱用间板间隔，每间上截当中开窗，板瓦阴阳合铺。桥两头为石库门，门顶额题“宏济桥”三字。桥下中间设剪刀叉支架墩，上置9根抬梁。梁上横置方形枕木，上铺桥板。

民国二十四年（1935）八月二十六日，中国工农红军挺进师二纵队政委、浙西南特委委员洪家云在桥上宣布成立王村口苏维埃政府。民国二十五年（1936）六月，中共浙西南特委书记许信焜在桥上主持召开群众大会，挺进师师长粟裕做抗日演讲。1997年，宏济桥作为“王村口革命纪念建筑群”之一，被列为浙江省文物保护单位。

花庵村碇步

摸着石头过河

碇步，旧时称跳岩，是一种简单又古老的渡河设备，是将一些形状大小基本一致的石块在水中排列成道，石块之间相隔约一步，走在上面需跨步而行，所以人们称之为“跳岩”。因为跳岩的桥面是不连续的，所以从严格定义来看，跳岩是桥的雏形，而不是严格意义上的桥。跳岩最早可追溯到原始社会时期，由早期先民在天然桥梁

花庵村碇步

的启示下改进而来，后来随着社会生产力的发展不断演进变化，逐渐产生了各种各样的跨空桥梁。

据《龙泉县交通志》载：“龙泉山区，溪流密布，水系发达，山间小溪注入成为河流。古代乡村道路，凡要越过小溪、河流，没有桥梁的地方就要涉水，所以大都用长方块石砌于溪中筑成‘碇步’过河。每步间隔尺许，枯水期水浅，碇步露于水面，就可蹬步通行。龙泉古代大小碇步不下千数，一般小溪三五步，大的溪流几十步不等，其中保留最长的为安仁溪花庵碇步。”

花庵碇步位于龙泉市安仁溪花庵村东首山丘，始建于清光绪年间（1875—1908），长约 140 米，137 步（平均每步 0.64 米），整齐地排列成行，步高距水面正常水位 0.2—0.5 米（洪水期被水淹没）。民国元年（1912）被洪水冲毁，次年修复。1958—1959 年又被安仁水运木排碰毁了一些碇步，后再次修复。后因沙石堆积，河床抬高，填埋了部分碇步，仅存 97 步，长约 100 米。

花庵碇步在过去车船不通的年代，是安仁镇的交通要道，紧水滩水库建成后，花庵碇步处于库尾，洪水期便被淹没，一般水位时尚能过河。安仁溪水流湍急，走在碇步上较为惊险，行人过河，踩着碇步，也在寻觅昔日的意趣。

如今在花庵村溪旁遐想当年“溪山掩映斜阳里。楼台影动鸳鸯起。隔岸两三家，出墙红杏花。　　绿杨堤下路，早晚溪边走。三见柳绵飞，离人犹未归”（北宋魏夫人《菩萨蛮》）的情景，踩在跳岩上依然有孩童时的记忆，依然可在斑驳陆离的石阶上看到工匠们精湛的手艺。

莲川大地桥

楼桥通用的水面建筑

据《景宁县续志》载："津梁之设，观政以觇民德。"廊桥是一种分布在浙南闽北山区特有品类的乡土建筑，是山乡人民因地制宜建造的一种符合当地地域条件，供人们生产生活、商贸嫁娶的跨水交通形式，是世界桥梁史上绝无仅有的品类，具有重要的工程建构技术价值，被人们称为"桥梁的活化石"。

莲川大地桥全景

莲川大地桥内景

莲川大地桥，又名庆安楼桥，位于景宁莲川村，是飞云江水系支流景宁县境内百余座廊桥中为数不多的以“楼”与“桥”相融通的水面建筑。大地桥修筑在两山对峙之谷底，一端为自然岩石，一端以人工垒砌，横跨在飞云江水系支流大地溪上，溪水由大地峡谷流经此处汇入毛垟溪，故名大地桥。它连接着大地坑水口两岸，下为七庆村。该桥东西走向，是贯穿位于沙湾、毛垟、庆元古要道上二县三地的重要交通枢纽。楼、桥建于清中期，由周边各村叶、陈、张姓的村民以及乐善好施之人捐资建成。

桥梁的始建年代为清嘉庆八年（1803），桥体为大跨度单孔木拱，廊屋对称工整、造型简朴。桥长 41.5 米，宽 4.8 米，净跨 31.1 米。全桥通体鳞叠铺钉“风雨板”，开有扇面、方形、葫芦形、菱形等小窗。梁枋等木构件上有多处墨书题记，其内容有捐禄助建名单，还绘有山水、花鸟、植物、戏曲人物故事等图案，以及“风调雨顺、国泰民安”等墨书。桥上有廊屋 18 间，面阔 3 间，4 柱 9 檩，明间为桥之通道，五架抬梁式，其拱下“三折边”“五折边”“剪刀撑”及端竖排架的木撑拱构架已趋成熟，比较科学地解决了廊桥的受力问题。两侧多设板凳，供行人休息之用。大地桥为典型的成熟时期建造的木拱廊桥，也是一座大跨度木拱廊桥，2013 年作为“处州廊桥”之一被列为全国重点文物保护单位。

慕义桥

《八仙的传说》取景地

慕义桥位于缙云县前路乡前路村，为三孔石拱桥，东西向横跨樟河。前路村位于壶镇南十里，因旧时有壶镇至仙居的大路通过村西而得名。这座桥是古代永康、壶镇去往仙居、温州方向的行道桥梁，始建于清道光十二年（1832）。

慕义桥桥墩迎水面有分水尖，桥面设桥栏，桥长 53 米，宽 3.5 米，高 8.1 米，各孔净跨 8.6 米。

慕义桥

慕义桥桥面

东西两端有引桥，东端长6.15米，置2台12阶梯；西端长13.7米，置3台32阶梯，并在桥西头建有南北相向各3开间的廊屋。古时北厢为神庙，南厢为凉亭，是一座石拱桥与桥亭结合的桥梁建筑。桥亭的梁架、牛腿雕刻精美，东西山墙为独特的观音兜形制，南面正中栏杆板上刻“慕义桥”三个大字以及落款“道光十二年　缙云县令张惟孝”等字样，今天依然清晰可见，民间也有“天祖公”独资建桥的传说。

慕义桥是缙云迄今发现有确切纪年并保存完好的石拱桥，桥与廊屋完美结合、浑然一体，结构紧凑合理，雕刻精美，保存完好，是现存石拱桥中不可多得的典型范例，具有一定的代表性和历史、艺术、科学价值，2005年被列为省级重点文物保护单位。美丽的古桥吸引了众多游客前来观光摄影，1985年上海电影制片厂还将此桥作为电影《八仙的传说》的一处取景地。

玉津飞虹·桥

普济桥

松阳县境内最古老的廊桥

松阳县之西南，四面群山环峙，中间为小盆地。因玉岩村北的香乳山上有岩石洁白如玉，故称白岩或玉岩，普济桥就位于山间。普济桥的相关水系为玉岩源，玉岩源是松阴溪最大支流小港源的支流，源于玉岩镇洋坑村，至排居口村注入小港，流程 14 千米。

2006 年，普济桥被列为浙江省重点文物保护

普济桥全貌

普济桥桥亭

单位，2013 年，作为“处州廊桥”之一被列为全国重点文物保护单位。

普济桥，又称大桥，是松阳县境内最古老的廊桥，位于古时松阳通往龙泉、庆元的要道之上。整座桥为木结构 7 跨斗拱双孔廊桥，建于明正德年间（1506—1521），桥名寓意“普度众生，济世为怀”，由玉岩村叶姓族人筹资建造，至今已有 500 余年历史。桥东西走向，横卧玉溪之上，系石墩二孔木廊结构，桥东头与西头的桥基借用河岸自然形成的土堆，东头置有风火墙。桥身长 27.12 米，宽 6.93 米，桥墩用方形青石条砌成，缝合精密，十分坚固，上游迎水部为尖形，以减少流水对桥墩的冲力。桥墩上架有多根叠层枕木，枕木上用木板平铺形成桥面。桥身架有廊屋六间、亭一座，而亭便建在桥墩之上，上饰藻井，用 18 根“万”字形斗拱承托，设计精巧，工艺精湛。廊、亭均用榫卯，结合 40 根梁柱，平面构架穿梁联成整体，重檐翘角，层次分明，美观精致。桥廊内两边设长凳供人们休息，内设木护栏，外加木板，栏杆外挑出一层短檐，以挡住飘雨，保护桥面及枕梁不受风雨侵蚀。

更令人叹服的是，建设这座普济桥，玉岩的工匠竟然不用一钉，全部靠榫卯相合，居然也能历经风雨、长久无损。但再好的材料也会损毁，随着时光的流逝，普渡桥因年久失修，濒临倒塌。1960 年，由村集体出资修缮，得以保留了原貌。

普济桥见证着岁月的流转，成为独特的文化地标，不仅为人们遮风挡雨，便捷他们的出行，更让他们有了一个避暑乘凉、聚会交易的场所。2021 年，松阳县政府、松阳县博物馆联合在此举办了松阳高腔艺术文化节。

玉津飞虹·桥

石门桥

云和唯一保存完好的五折边古桥

石门桥位于云和县城新华街与红光路交叉口西侧 80 米处，南北走向，跨黄溪（现称后溪），古称大石头桥、青阳桥，《云和县志》称为石门桥。查阅相关资料，初步推测石门桥建于唐末至北宋初，现为省级文物保护单位。

石门桥采用单拱纵联分节列砌置法建造，桥拱呈五折边形。该桥全长 14.16 米，桥面宽 3.90 米，

石门桥

景芳

高3.44米，桥身分三层叠砌，底层用条石块直砌，共五折，呈五边形。下两节用六块长条石直砌，搭接处用横锁石承接。全桥共用30根条石、4根横锁石。中间层为条石横砌，规格不一，无栏杆，两端各建石阶8级（已毁数级）。其独特的石拱结构让其成为云和县城唯一保存完好的石梁石板拱桥，甚至在国内也较为罕见，有很高的历史、科学、艺术价值，是研究古代石拱桥的重要实物例证，2011年被列为省级文物保护单位。

昔时桥上有廊屋，今已拆除。东侧石梁上镌刻有卷草纹雕刻和“梅九三囗寅”等题款，因风化严重，难以辨认。根据《云和梅氏宗谱》记载：浮云梅氏于唐朝初年由会稽郡迁徙到丽水县云阳乡黄溪村（即现在的云和老县城中山街一带），族系排行中发现了“九一”“九三”的名字，但“九三”的生平及后裔均无记载。推算梅九三应该生活在五代十国到北宋时期。另据桥梁学专家唐寰澄先生考证，折边石拱桥为桥梁的早期形态。石拱桥的发展从三折边、五折边、七折边，慢慢向半圆拱过渡。绍兴为全国著名的桥梁之乡，现存大量古石拱桥，特别是有大量折边桥留存下来，其中有名的建于唐乾宁三年（896）的拜王桥就是五折边石拱石梁桥，与石门桥非常相似。综上初步推断，云和石门桥的建造年代应该在唐末至北宋初期，至今已有千年。

民国元年（1912），洪水肆虐，淹没云和县城。浮云溪（现称前溪）发大水倾覆入黄溪（现称后溪），冲垮数座石桥。居住在浮云溪和黄溪之间的百姓遭到双溪洪峰的逼迫，纷纷向南逃跑。因当时黄溪众桥悉数被洪水冲毁，唯独石门桥坚如磐石，为百姓留下唯一的逃命通道，因此石门桥在当时被誉为“救命桥”并歌颂至今。

如今云和在新华街一带打造“采真里”仿古街区，石门桥成为景区里的重要景点和重点文物，每天有无数游人前来与它合影。

玉津飞虹·桥

仙都碇步桥

高高翠微里　遥见石梁横

仙都碇步桥，又名石梁桥，位于缙云好溪国家级水利风景区内。自宋代以来，好溪两岸的村庄就开始建造碇步桥，到了明清时期，几乎村村都有碇步桥。碇步桥是由天然的石头凿制而成的，因为形状与中文“丁”字酷似，故取名为碇（矴）步桥。古时候，缙云石材加工业非常兴旺，为碇步桥的建造提供了基础，所以碇步桥在缙云县好

板堰碇步桥

拦水堰上建碇步

溪流域分布广泛，而且多建在拦水堰上，桥堰一体，既有过水桥的功能，又起拦水堰的作用，平常水流从堰上过，雨季洪水从桥上流。保存良好的碇步桥现在仍可供人们行走使用。仙都现存的碇步桥最著名的有板堰、望峰、练溪等，均为省级文物保护单位。

板堰碇步桥始建于清代，为 75 孔低水位单梁石板桥，桥长 115 米，宽 0.6 米，高 0.8 米，由条状凝灰岩铺设，以迎潮处窄、下游处宽的梯形条石直立为柱，柱头作一燕尾榫头状，上铺平面呈梯形的石梁，桥柱的下游处用条石加以支撑。拦溪作矮坝，坝宽约为 10 米，桥面高出桥底约 0.8 米，桥堰一体，既是桥，又是堰，《中国国家地理杂志》曾介绍过此桥。

望峰碇步桥位于缙云县仙都风景区鼎湖峰下游 30 米处，始建于宋代，是缙云县较早修建的石板平桥之一。因在桥头一眼就能望见鼎湖峰，故称“望峰桥”，当地人又习惯称其为鼎湖峰碇步桥，也称登仙桥。该桥为 44 孔双柱双梁石板平桥，长 77 米，宽 0.77 米，高 0.8 米，是从景区入口到鼎湖峰、黄帝祠宇的必经之处。

练溪碇步桥位于鼎湖峰到倪翁洞两个景点之间的好溪上，始建于清代，古时是缙云至仙居、缙云至永嘉的交通要道。全桥计 81 孔，长 145 米，宽 0.78 米，高 1.4 米，为低水位石板平桥。因好溪仙都段古称练溪，故又名“练溪桥”。

好溪国家级水利风景区在众多碇步桥和好溪河谷风光的映衬下，“山、水、峰、洞、滩、田、溪”七要素完美组合，形成“九曲练溪、十里画廊”的绝世美景，被誉为集“桂林之秀、黄山之奇、华山之险”。唐代孟浩然《送友寻天台山过缙云》就有“歇马凭云宿，扬帆截海行。高高翠微里，遥见石梁横”之句，白居易也留下了诗篇《咏鼎湖峰》：“黄帝旌旗去不回，空余片石独崔嵬。有时风激鼎湖浪，散作晴天雨点来。”

鼎湖峰倒映在宽阔的好溪碧水中，碇步桥则横亘在静如平镜的好溪水面上，湖光山色融为一体。每逢阴雨天，雾锁江面，人行桥上，如在仙境之中，《凤凰之歌》《天龙八部》等影视剧均在此取景。

咏归桥

庆元县城地标景观

咏归桥，又名杨公桥、护龙桥、兴贤桥，位于庆元县城内，横跨竹坑溪与松源溪的交汇处，东西走向。桥西倚球山，东端桥基建于河中的龟形巨石上，该巨石将河水分成“放生潭”和“石龙潭”两潭，“双潭石印”为古时“濛洲八景”之一。咏归桥之名，源于潭中巨石形似乌龟泳于潭中，初名“泳龟”，后来取《论语》“浴乎沂，风呼舞雩，

咏归桥

咏而归”之句，始得“咏归桥”之名。

据清《光绪庆元县志》记载，咏归桥始建于元大德十年（1306），达鲁花赤（蒙古语，官名，主要由蒙古人担任，掌管地方行政和军事实权）于崇首次在石龙寺门前建桥，曰“兴贤”。明天顺年间（1457—1464）被毁，明天顺四年（1460）八月以官府拨款、群众筹资的形式在原址上重建，并于同年十二月落成。桥全长数十丈，建廊屋 41 间，桥中央还筑有一座大观亭，桥名改为“咏归桥”。时任庆元知县张宣请人撰写《咏归桥记》以作纪念。后被洪水冲毁，明万历三年（1575）又建。明崇祯十五年（1642），知县杨芝瑞再建，筑双桥于左右，改名“杨公桥”。两桥间有“补天阁”“小蓬莱”等附属建筑。清顺治五年（1648），左桥被冲毁，以后又几经改建。

今桥为民国十三年（1924）由群众捐资重建。桥长 38.75 米，净跨 21.5 米，拱高 8 米，设廊屋 8 间。桥东建重檐歇山顶的“补天阁”，桥西建桥亭。

咏归桥集亭、台、楼、阁于一体，造型优美，是一座典型的园林式廊桥，是濛洲公园的点睛之笔，也是庆元县城的地标性人文景观。2011 年，该桥作为庆元廊桥之一被列为省级文物保护单位。2012 年 11 月，咏归桥作为“闽浙木拱廊桥”代表之一被列入《世界文化遗产预备名单》。2013 年，公布为第七批全国重点文物保护单位。

咏归桥也是一处革命纪念地。1938 年 6 月，中共庆元县特别支部在咏归桥成立。当时，中共浙江临时省委书记刘英选派施平到庆元，以国民党庆元县政府民政科长的职务为掩护，秘密开展党的工作，筹建县一级党组织。庆元县委成立后，庆元各地党员发展工作快速推进，先后建立了竹口、城区、荷地、淤上 4 个区委和 9 个支部。至 1939 年 3 月，全县共有中共党员 104 人。从此，一批又一批的中共党员坚持革命斗争，直至 1949 年 5 月 17 日庆元解放。

长津飞虹·桥

毓秀桥

树桥双生 两岸同根

毓秀桥位于青田县阜山乡陈宅村水口头，横跨陈宅溪，东南至西北走向，东面近临陈氏宗祠。该桥始建于明万历四年（1576），民国二十二年（1933）增建桥廊，1983 年重修。毓秀桥为单孔石拱桥，鹅卵石砌筑，拱圈为纵联砌筑，北面山花墩刻“毓秀桥”“万历四年创造”题记。全桥长 13.81 米，宽 3.31 米，高 3 米，拱跨 5 米；桥

毓秀桥

毓秀桥桥亭

面覆廊屋 5 间，梁架为 5 檩 2 柱，当心间两侧设廊栅凳，悬山顶，当心间升起做四角攒尖顶，小青瓦阴阳合铺，现为全国重点文物保护单位。

毓秀桥是一座土木结构的桥楼。桥墩由普通溪石砌成，呈圆拱形，像一张紧绷的弓。从远处看毓秀桥，往往会误以为是一座亭台楼阁。毓秀桥东有联“毓木培根成古迹，秀山佳水汇诗情”，桥名就是取了上下联的头一个字而成。在毓秀桥楼亭上还有一副对联，“双溪此去无多路，八景原来别有天”，这副对联告诉人们，更多的美景还在后头。

毓秀桥以跨越溪坑、用粗约 0.4 米的古柏树根起拱而成名，“桥因树成，树为桥生，两相成趣，颇为奇观”，它既是陈宅的主要水上交通要道，又是村子的一道亮丽风景线。

2007 年，旅居台湾的乡贤陈正娟女士为该桥题书“两岸同根”四字条幅，托人捎回陈宅村，寄托对故土的桑梓之情。村人感念其情，特摹刻陈女士手迹字碑于毓秀桥头，增添了毓秀桥的文化价值。

月山古桥群

如龙来凤跨举溪 月山曲水照廊桥

月山古桥群始建于明代，位于庆元县举水乡月山村，距县城 57 千米。月山村是一个具有悠久历史的文化名村，发祥于宋代，鼎盛于明清，举溪穿村而过，因后山一簇翠竹酷似弯弯的半月，村前溪水似曲水银钩，村子坐落其间，因而得名月山。月山古桥群现尚存如龙、来凤、步蟾、白云、秆等五座古廊桥。据清代《吴氏宗谱》中的《举

如龙桥 / 陈士平 摄

来凤桥

溪全貌图》可知，当时还有一座桂香桥。

廊桥，又称“蜈蚣桥”，是一种有屋檐的桥，既美观又实用，有遮阳避雨，供人休憩、交流、聚会、看风景等用途。古廊桥同当地悠久的人文历史密切相连，有着美丽的典故和丰富的文化内涵。月山村的几座古桥中最出名的便是如龙桥和来凤桥。两桥均始建于明代，如龙桥是一座燕窝式木拱廊桥，来凤桥是一座大卷单弧石拱桥。古人有诗云：“来凤如龙号两桥，重关交锁东溪腰。月山银汉垂清影，举水金波落绛绡。道济自能为普渡，乘典何用频相招。殷殷寄语骞裳客，从此江干波泽遥。”《中国民间文学集成·庆元县故事卷》里收集了一则关于如龙桥和来凤桥的民间故事，大意是古时月山村位于举溪两岸，东边为吴姓，西边为陈姓，两姓因天旱争水常发生殴斗，后来吴家的吴如龙和陈家的陈来凤比武结亲，共同凿引水渠，传为佳话，后人便造如龙、来凤双桥以纪念。

桃墩琅玕·渡口

桃墩瑕阡·渡口

曹岭码头

瓯江水运第一码头

曹岭码头位于庆元县黄田镇曹岭村。曹岭为庆元、龙泉两县交界地，是瓯江与泯江的交汇处，中华人民共和国成立前作为庆元县商业重镇，是南北货的集散地。曹岭码头是瓯江水运的第一个码头，水路从此可顺瓯江直达温州。

八百里瓯江探源，潺潺流水的曹岭渡，每日舟楫往来，商贾辐辏。水运繁华时期，曹岭码头

曹岭码头 / 吴鹏飞　摄

曹岭秀水 / 吴鹏飞　摄

是庆元西部，甚至是闽西北的重要水陆驿站，不唯是龙、庆二县之孔道，更为二浙、八闽水陆交通之要津。琉田（大窑）、金村、竹口等地窑场的瓷器，龙、庆二县的大宗竹木山货，均以此为启运码头而远销至海内外。抗日战争期间，庆元县曹岭的盐市曾盛极一时。据赖善卿《抗日战争期间庆元盐市的兴衰》一文描述，曹岭有一条狭窄的老街，街上有盐店30余家。公开挂牌的盐店通常积盐几十、几百包（篾篓装，每包150公斤），小本经营的也有一两包。梅溪上，运盐的舟楫帆樯林立；码头上，抬盐的脚夫川流不息。经营食盐的不单是江西上饶、广丰与福建寿宁等地的商贩，庆元当地的官商、富户、农工以至妇女，只要有小本钱都来参与食盐买卖。1937年，杭嘉湖相继沦陷，浙西盐场全部被日寇侵占，食盐产量锐减，加上浙赣铁路不通，陆路运输艰难，瓯江水运亦时断时续。到1938年下半年，食盐供应日趋紧张，而私商唯利是图、囤积居奇，盐价日益上涨，居民以缺盐为虑。1941 年夏，金华沦陷，两浙盐务管理局内迁庆元，抢运来官盐数万袋（每袋 205 斤）。盐管局人员与当地商贩勾结，任意垄断操纵盐市，恣意扰乱市场，导致当地盐价飞涨，由 7 公斤大米换 1 公斤盐涨至 12—14 公斤大米换 1 公斤盐，民众苦不堪言。

从庆元盐市的兴盛程度，可以想象当年曹岭码头的盛况。曹岭码头的人流量在抗战时达到了顶峰，来往商户囊括河南、江西、福建、广东、安徽、江苏等 9 省的 17 个县，繁荣时期有万盛行、广大行、胜利行（九直店）等商家 100 多户。抗战结束后，热闹的曹岭码头也寂静下来了，直至悄无声息。

古渡昔日兴旺的景象淹没于岁月沧桑之中。如今，曹岭码头遗迹已经难以寻觅，但曹岭码头在抗战时期的热闹景象，依然被很多人记在脑海里。

桃墩琅玕·渡口

大港头渡

旧时瓯江『小香港』 今日新生为画乡

大港头渡，即大港头码头，又名大航头、双溪，位于丽水市区西南 23 千米处。松阴溪、龙泉溪与大溪交汇于此，江面宽阔，形成了大港航埠，并渐渐扬名。在陆路不发达的年代，大港头水路上溯龙泉、遂昌，下达青田、温州，是浙江航运重要集散地之一。

自隋唐后，处州城上游各县甚至闽北地区，

大港头渡

由栝瓯水道、通济古道来往的货物必在大港头汇集，再由此转输省城、京城和其他各地。处州盛产的木材、晒烟、茶叶、青瓷、宝剑，经大港头或运往北方，或漂洋过海；而处州山区平原有限，本地出产的粮食无法满足需要，需从外地调入，也都需要经过大港头渡。因此，大港头作为瓯江上游六邑舟船必经之水旱码头，枢纽地位凸显。

随着漕运的发展，为船工、商贾提供衣食住行及生活必需品的商业、服务业应运而生。当时，大港头沿江街道遍布卖吃食、日用品、土特产品的商铺。尤其是清乾隆年间（1736—1796），为护佑漕运安全修建天后宫后，往来大港头的船只，无论是船工还是商贾，都要到这里祭祀。天后宫一带房屋建筑日渐增多，逐渐形成了江滨商贸街。行商摊贩也逐渐发展为坐商店铺，沿街的海米店、米面店、肉铺、酱园、烟铺、药铺、布铺、菜馆、钱庄、客栈等商号鳞次栉比。“雨歇村南大港头，湖光掩映夕阳楼。也能热闹如城市，六县来船并一州。水涨溪头树细回，天寒沙嘴雾迟开。客船风送春帆饱，讶带瓯城雪影来。”清代缙云河阳人朱小塘的一首《大港头春望》形象地记录了当时的繁华昌盛。

清咸丰五年（1855），此渡又开辟夜渡（称济川夜渡），燃灯照明以方便夜行。古渡临江一面建有长 300 余米的滨水走廊 ，设有多个泊船埠头，其旁为木构楼屋，墙基甚高，多为鹅卵石砌叠而成，简洁古朴，独具风格。古渡今已不存，只留存下一块民国初的渡碑来讲述那往日的繁华。

至民国时期，大港头的商贸流通业发展至高潮。在码头上开设了邮政代办所，又成立了电话

水天一色 / 陶国胜　摄

营业所，有固定摇把子电话 10 部。民国三十年（1941）后，浙江省政府陆续内迁至丽水，更是带来大量人口，极大地促进了大港头商业的繁荣，这里一时成为瓯江中上游的“小香港”。

从 20 世纪 90 年代开始，随着公路建设的发展，大港头的市场交易中心由古街改为沿公路路段，江滨路上古街市的热闹渐行渐远，只剩下为数不多的老代销店在经营。

2006 年，古堰画乡景区开发建设，让这座港埠古镇重新焕发生机和魅力。如今，商贾云集的场面虽已一去不复返，却吸引了无数画家、摄影爱好者、艺术院校师生前来，形成了以老街油画、千年古堰为主题的特色街区，并与对岸的坪地、堰头、保定诸村，共同构成闻名于世的“古堰画乡”核心景区。

桃源琅玕·渡口

浮伞渡

马仙孝道今尚存

浮伞渡，即大均渡，位于景宁大均乡大均村，属瓯江流域小溪，宽 200 余米，水面开阔，两岸渡口今天仍保存较好。自古以来，这里就是水陆交通枢纽，是景宁至云和古道的必经渡口。

浮伞渡，又叫浮伞仙渡，明《成化处州府志》载："在县西二十里，马天仙尝以伞渡于此，故名。"相传唐代有马氏，原系大均马车前

大均渡渡口

浮伞祠

村（现仅留旧址，并无村庄）人，嫁鸬鹚村的一户贫苦人家，事姑尽孝，终成仙佛，被封为“护国马氏天仙”。一日，马天仙至景宁持羹奉姑，至大均时，正值水涨无渡船，遂浮伞渡之，故此处被后人称为“浮伞渡”。村人为纪念马孝仙，于清乾隆年间（1736—1796）在村头高处建了一座“浮伞祠”，又名“马仙宫”，今尚存。

浮伞渡的名字，听起来很有洒脱之美。仙家的风范，飘逸地来往，再加上孝道的加持，使它留下了千年的传说，古往今来，很多名人写诗作文吟诵浮伞渡。明代知县钟夏嵩有《伞渡春涛》诗：“古渡春雷动，桃花浪欲生。片云三岛远，孤屿一潮平。树绕神仙国，溪通锦绣城。横舟频击楫，莫负济川名。”清代知县许之龙也有《过浮伞渡》诗：“古渡盈盈欲向津，相传浮伞旧仙真。清溪高曲潆村外，奇石峥嵘镇水滨。几幅蒲帆风势稳，一蒿挑浪涨痕新。临流何必苇杭泳，胜趾于今纪大均。”秋瑾胞弟秋宗章也题有一诗：“遍听前滩急浪催，轻舟稳渡去还回。千岩万壑争迎客，我自山阴道上来。”

自景宁县城而出，沿鹤溪穿行山谷，一路大江清流，十数分钟即可抵达大均。如今的大均是著名的汉畲融合相居的静美村落，被誉为“中国畲乡之窗”，其古韵悠然，畲风浓郁，已成为国家 4A 级旅游风景区。

浮伞渡口依旧在，只是没有了渡船。眼前一座公路大桥横铺两岸，湍急的溪流成就了“大均漂流”胜境，引得无数善男信女虔诚而来，流连忘返。特别是与“浮伞渡”隔岸相望，昔日田畴已凸现出偌大的民族“山寨”，内建演出大剧场。油纸伞舞、婚嫁表演、泼水纳凉、篝火夜色等表演一改古时宁静的模样，处处是艳丽耀眼、红带飘逸，欢腾得似节庆一般。“浮伞渡”远时的那份宁静看似不易找回，但人们崇尚仁孝之心却引得游人纷至沓来。

桃墩琅玕·渡口

金村码头

『海上丝绸之路』的内陆节点

金村码头位于龙泉小梅镇金枝，瓯江龙泉溪上游梅溪的右岸，紧邻村东部的吊桥，北与大窑——金村古道相连，距大窑遗址仅 5 里之遥。该遗址地处大窑龙泉窑遗址国保单位范围之内，沿河用大块石砌筑，表面用小卵石铺地，溪流中一块巨石上还留有人工挖凿的用以系船的绳孔。

2016 年 11 月至 2017 年 1 月，由浙江省文

金村码头 / 邓小萌　摄

难见当年帆影　唯有江水东流 / 邓小萌　摄

物考古研究所与龙泉市文物保护管理所联合对遗址进行考古发掘，发掘面积近500平方米，于其外围发现了排列整齐的以卵石包边的石砌遗迹以及在河道中央的可能与航运有关的方榫石，揭露出规模庞大的码头遗迹。遗迹共分为五级，由南向北依次增高，在第三、四、五级上发现一条疑似台阶的遗迹，在第五级以北有码头工作面等遗迹。根据码头结构和出土的青瓷标本，推测码头形成于北宋时期，并沿用至民国。

金村码头是瓯江上游龙泉溪的重要码头，是大窑—金村一带龙泉青瓷外运的渠道，属于“海上丝绸之路”在中国内陆的节点之一，具有重要的历史意义。龙泉青瓷曾经从金村码头行经瓯江航道，沿着“海上丝绸之路”传播到日本、朝鲜、东南亚及非洲、欧洲各国，与中国的丝绸并重，成为中国古文化的象征。金村窑址是瓯江上游最南端的窑址群，至今仍留存着古窑址52处，而且遗物堆积十分丰富。2016年7月，龙泉窑大窑金村遗址被列入中国“海上丝绸之路·中国史记”申报世界文化遗产名单。

金村码头见证了当年大窑、金村窑火辉煌的盛况以及人工挑运瓷器和码头装船水运的繁忙景象，对龙泉青瓷文化与水运文化研究提供了一定的研究价值。

桃墩琅玕·渡口

石门古渡口

当年刘基读书处

石门古渡口，又名石门洞渡口，位于青田县城西北 35 千米处，始建于宋代。据《青田县志》记载，清雍正年间（1723—1735），青田尚存民间渡口 22 处，其中就包括石门洞渡口。石门古渡在瓯江南北两岸相对而设，因当地龙、虎两峰恰似两道石门而得名。

“溪中水流急，渡口水流宽。”石门古渡是

石门古渡口两岸

石门古渡的摩崖石刻

连接两岸的水上交通要道，一直沿用至今。现渡口已浇筑水泥，主要服务于石门洞景区，为景区的主入口。石门洞素与雁荡、天台、仙都齐名，并称为“括苍四胜”。最早涉足石门洞的是著名山水诗人谢灵运，距今已有1500多年的历史，而早在唐代，石门洞就被确定为道教三十六小洞天的第三十洞天，据此推断此渡口的始建年代应不晚于唐代。

石门渡一带山林苍翠、文物荟萃，是一处具有清、幽、古、奇、险等特色的洞天仙境。相传明朝开国元勋刘基幼年就曾在石门洞内勤学苦读，感动了白猿仙姑，从巨石柜内拿出18册兵书赠给刘基，使他得以辅佐朱元璋夺得天下。后人在石门洞内建了刘文成公祠。民国时期的国民党重要将领陈诚当年也曾在石门洞读书。

石门洞景区历史文化底蕴深厚，景区内的摩崖题刻是省内年代跨度最长、刻勒密度最高的摩崖碑刻群，年代从公元423年至1964年，有南朝以来谢灵运、汤显祖、阮元、沈括等历代名人墨客留下的摩崖碑刻105处，其中南朝宋2处、唐4处、宋31处、元6处、明22处、清16处、民国4处、当代1处，另有19处年代待考。大部分题刻都保存完好，犹如一座天然书法展览馆，具有较高的文学艺术价值。1963年，石门摩崖题刻被公布为省级重点文物保护单位。

由于石门洞这一天然洞府令人神往，自古以来有无数文人墨客慕名造访，且常以诗文咏颂。李白、王安石、陆游等曾在此留下了大量诗篇。1962年，郭沫若在古稀之年还来此一游，并欣然题诗：

横过石门渡，刘基尚有祠。
垂天飞瀑布，凉意喜催诗。

天后宫码头

深山都市的红色古镇

天后宫码头位于遂昌县王村口镇桥东村，在王溪上，属钱塘江流域。

该码头始建于清康熙年间（1662—1722），曾是乌溪江上游的常年口岸，后因公路运输开通，水运式微，现作为“红色古镇”景点修复保护。码头在天后宫正门前，石阶连接河滩，建有大型天后石刻立像，系桥东村出入要道。天后宫始建

天后宫码头

于清乾隆五十九年（1794），是福建商人在王村口桥东村修建的会馆，后成为专门奉祀象征出海平安的“天妃”的天后宫。王村口自康熙之后，人烟逐渐稠密，当时居民中以王姓居多，即称乌溪江此一流段为王溪，将镇子称为王村口。乌溪江自西向东将这个镇子分成了东西两半，也就是现在的桥西村与桥东村。乌溪江上游对正溪、关川溪的注入，使乌溪江的水流常年保持在较高的水位，也使王村口的水运条件变得异常优越。

300 多年前，王村口作为闽浦通往衢州的水上要道，来自福建等地的竹木、柴炭都要经过王村口码头进行中转，方能到达衢州、金华地区。据传，当时停靠在王村口镇中的船只有三五十条之多，可见其商贸业的繁华。也正因为这里繁忙的水路，王村口在当时有着“小上海”的美誉，直到 20 世纪 80 年代中后期陆路开通之后，王村口的水上运输才逐渐衰落。如今，历经几百年的发展，地处遂昌县西南部的王村口镇，已成为遂昌南部的经济文化中心，并有着“深山都市”“红色古镇”之称，不仅是旅游观光和休闲度假的好去处，同时也是革命传统和爱国主义教育基地。

据《浙江省遂昌县地名志》记载，民国二十四年（1935）七月，中国工农红军挺进师进驻王村口，成立了王村口苏维埃政府。七月二十九日，红军挺进师在天后宫举行庄严的“八一”示威誓师大会。刘英、粟裕在会上做重要讲话，宣布“查田分青苗”，动员“扩充红军”，号召劳苦人民起来革命，推翻反动政权。会后，红军袭击了衢州、龙游等地的大小城镇 19 个，缴获长短枪 100 多支，轻机枪 2 挺，红军从 500 余人增加到 2000 余人。

神鸦社鼓·治水祈雨

神明社鼓·治水祈雨

里东本境庙

祭祀治水英雄　祈求风调雨顺

禹王，即远古时期的治水英雄大禹，丽水一带称其为“平水大王”，建庙供奉，而这类庙宇的称呼很多，诸如本境庙、本保庙、禹王庙、大王庙、平水大王庙等，不一而足。

里东本境庙，又称本境禹王殿，位于莲都区雅溪镇里东村村口南侧，建于明成化年间（1465—1487）。清乾隆五十二年（1787）《李氏宗谱》

里东本境殿

载："本境禹王殿，乃本家之保障。成化年间建，继世重修，历代感应。"禹王殿坐北朝南，占地188.3平方米，呈"一"字形平面，建筑由外殿和里殿组成，小青瓦阴阳合铺，硬山顶。

殿面阔三开间，进深三柱五檩，明间梁架为抬梁式带后单步，两次间为穿斗式带后单步，后单步设佛龛，供奉平水大王（即大禹，雅溪一带俗呼"夏禹王"）、张天师、社稷神等13尊佛像。里殿面阔三开间，进深三柱六檩，明间梁架为抬梁式，五架抬梁带后单步，明次间后单步设佛龛，供奉陈十四夫人、李八相、梓潼星君、武曲关王等15尊佛像，为周边居民祈求风调雨顺之场所。

本境庙虽然规模不大，但结构清晰，年代悠远，地方人文氛围浓厚，具有一定的历史文化价值。

神明社鼓·治水祈雨

龙母仙宫

祈雨文化的载体

龙母仙宫位于云和县崇头镇盘条口行政村贵庄口自然村的溪边，民国二十七年（1938）由地方村民集资建造。仙宫坐西朝东，占地247平方米，二进三开间，中间施一天井，两边设厢房，悬山顶，小青瓦屋面，还建有一戏台，台顶施藻井，画有人物、花卉等图案。

相传古时候，云和一大户人家有一女，名叫

龙母仙宫

福地

柳如兰，心地善良，生性好佛。有一日，柳如兰与嫂子一起在溪边洗衣，拾得一颗大蛋。柳如兰将蛋含于口中，却不慎吞入肚内，自此身怀六甲，三年后产下一子，状貌异常，腾空而去。孩儿夜夜归来于床前吮奶，天亮前即离去。柳如兰日日思儿，却不见其形，不闻其声。一日天又将亮，柳如兰终于忍不住问："儿啊，娘日日思儿却不见儿，儿可否让娘一见？"儿终于开口："三日后，请娘沐浴更衣，并在中堂点香燃烛，等待孩儿，儿将带娘去一清净地。"三日后，风雨雷电交加，忽见一青龙腾空而入，在屋梁间盘旋缠绕，而后载起柳如兰腾空而去。龙母虽从此列入仙班，但仍深虑人间疾苦，常派龙子行云播雨，造福人间。人们为报龙母恩典，便开始建庙供奉，名曰"龙母仙宫"。

云和的这座龙母仙宫布局规整，保存良好，屋内梁枋、牛腿、雀替上施人物、狮子、牡丹等雕刻图案，有一定的研究价值。古时候，大旱之时供奉龙母宫，会天降甘露，这是一种传说，也是水文化信仰的一种表现形式。

神明社鼓·治水祈雨

瑞现夫人庙

孕育白龙堰、青龙堰的传说

瑞现夫人庙位于松阳县水南街道独山脚下，始建于五代后晋年间（936—947），重建于清乾隆八年（1743），1942 年被日本人烧毁，同年重建，2002 年再次重修。整幢建筑为木质结构，大门为石门。现存的瑞现夫人殿建筑和周围环境风貌保存现状较好，被誉为仙境之地。

松阴溪畔的独山山麓，远在五代后晋时期就

瑞现夫人庙

夫人庙内藻井

建有大慈寺，在其东面建有龙母庙，古时也称“太婆庙”。清《顺治松阳县志》载：“瑞现夫人庙，在百仞山下。旧名太婆庙，晋天福四年，县令陈时祷雨，有白龙尽现，大雨随至，令上其事，因改庙额。”说的是后晋天福年间县令陈时祷雨，见独山顶白龙现（实为闪电），大雨随至。因民间传说白龙系瑞现夫人之子，白龙显神为瑞现夫人之劳，地方遂上奏朝廷，奉旨诰封“瑞现夫人”。于是，旧“太婆庙”易名为“瑞现夫人庙”，松邑县名也由“长松”改为“白龙”。

关于瑞现夫人，多少年来，民间一直流传着她献身乡亲的动人故事。

传说在1000多年前的五代后晋时期，松阴溪旁的独山脚下有个叫瓦窑头的村庄，村里有户何姓人家，家中有个正值豆蔻年华，美貌贤惠的姑娘。一次，何姑娘误食仙桃，生下一对孪生兄弟。这对孪生兄弟竟然一夕成长，原来他们是白龙、青龙投生。

盛夏时节，松阴溪两岸赤日炎炎，旱情严重，农人们憔悴不堪，纷纷求神祈雨，没日没夜地点香跪拜。白龙、青龙在独山顶上看见此情此景，便腾空而起，刹那间，乌云密布，大雨如注，焦裂的土地得到了滋润。

为了让松阴溪两岸风调雨顺，让黎民百姓过上丰衣足食的日子，贤惠的何姑娘便嘱白龙、青龙兄弟俩化成两条堰渠，白龙卧在松阴溪北岸，青龙卧在松阴溪南岸，这就是至今在松阳人心中有着深厚情结的“白龙堰”和“青龙堰”。这是两条分别灌溉上千亩农田、为松阳黎民百姓带来福祉的古堰，正是有了它们，才有了“松古平原熟，浙南米谷足”“浙南百姓丰衣足食，上靠松阳下靠平阳”之说，才有了当今丽水第一大粮仓之美称。

青龙堰和白龙堰修成之后，历朝历代都非常重视维护这两大古堰，屡毁屡建，潺潺清泉从未断流。松邑的百姓感念何姑娘的大恩大德，尊何姑娘为“太婆”，修建了“太婆庙”。吴越国国王钱元瓘接到长松（松阳）县令陈时的奏章后，为旌表何姑娘的贤德，下旨诰封其为“瑞现夫人”，将位于松阴溪畔、独山山麓那青翠竹林中的旧太婆庙修扩建成雕梁画栋、清雅秀丽的新庙宇，易名为“瑞现夫人庙”，松阴溪两岸的百姓年年岁岁在春节时到庙里参拜，祈求风调雨顺。钱元瓘同时接受并批准了陈时的奏请，改“长松县”为“白龙县”。直至北宋咸平二年（999），白龙县才由郡守杨亿请复为松阳县。

平章庙记·史志榜文

平章旧记·史志榜文

松阳水事榜文

一方水利史的见证

松阳县境内有大小堰渠120多条，灌溉面积较大的有白龙堰、青龙堰、芳溪堰、金梁堰、百仞堰、观口堰等，均为松古盆地水利骨干工程，有的堰渠沿用至今。松阳先民不仅因地制宜地建起了完备的灌溉工程，还创造性地制定了许多水事管理办法，就是今天我们所说的水事榜文，即古代官府对公众公布的涉及水利的榜文，它们是一个地方水利建设史的见证，也是我们了解古代水利工程历史与作用的重要依据。松阳的这些水利榜文的发布时间从明至清，历史跨度之长、保存之完整，实属罕见，是重要而珍贵的水利文献资料。

其中最具代表性的是芳溪堰的相关榜文，现存由明天顺元年（1457）至清光绪九年（1883）共426年间发布的榜文18份，另有古圳图1张。这些榜文涉及堰坝修筑、水事纠纷、灌区面积调查、档案管理诸多事项。

现辑录相关榜文如下：

一、天顺元年四月（金梁堰）

述金梁堰灌区顽民强抄汴石、占夺水利，时任县令查验旧案后，重新分派水圳，明确分水轮灌日期。（尺寸暂缺）

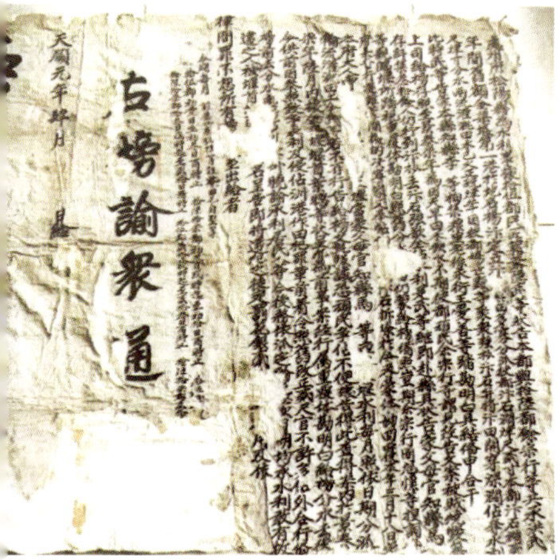

明天顺元年四月榜文

原文：

处州府松阳县为水利事：据十五都民匠籍叶隐武等，状告本都与十六都余宗行等，共承洪武年间旧额“金梁堰第一港”，于地名杨汴，定立汴□，照田多寡分派。彼都汴石阔四尺二寸，本都汴石阔二尺四寸，分水两流，灌溉田禾已久。正统四年，因彼都杨世显等，聚众强抄汴石，并将汴田开穿深阔，占夺水利。比时武等告，蒙本县知县李□等拘集，赖里老徐永衍、王爱善等踏勘明白，具结备申，合干□□□□，上司给榜存照。至景泰七年，为因天旱，田禾缺水。不期彼都顽民余宗行等，谓见经告文案，被贼烧毁无存，纠集三十余人，仍行到汴，抄丢汴石，强欲全占水利。是武等继即赴县具状告，蒙父母官知县马□等亲临堰所踏视，重覆体勘明白，照旧分水□□□，仍蒙给榜备照。岂期余宗行、周旭怀等，捏词赴府具告，行提赖蒙，问拟的决，与家人奉帖□□将汴石拆除，于今未蒙体勘回覆。本年三月十八日，蒙本府大人曹□□□□□□□堰，当蒙父母官知县马□等禀□□堰水利，每月照依日期分派，轮流灌溉田土。今武等若不再行告给榜文执照，诚恐顽民争占，不便据告。得此查得案内，于景泰七年六月内，据金梁堰堰首叶聪等状呈，亦为前事。案经行属重覆体勘明白，给榜分水，去后，今供前因参照，致争水利及侵占圳港作田犯罪，革前着令照旧改正二尺，官不许多占，外合行备榜，前去分水处□□□□，晓谕承利居民人等，今后务依派定轮□□□期，均承水利。敢有故违之人，被堰首□□□□名呈告，即将违犯之徒定罚花银二□□□□公用，及依律问罪不恕，所有榜□□至出给者。

今开每月前三日蔡弘孙等，后七日毛自坚等。

十五都初一日至初三日酉时止，十六、十七都初三日戌时起至初十日酉时止；十五都初十日戌时起至十三日酉时止，十六、十七都十三日戌时起至二十日酉时止；十五都二十日戌时起至二十三日酉时止，十六、十七都二十三日戌时起至三十日酉时止。

右榜谕众通晓（松阳令印）

天顺元年四月　日给

注：该榜文主要记载百姓状告官人侵占水利，下令不许多占，否则问罪不恕。

二、嘉靖九年八月初四榜文

述筑芳溪堰首筹工事，县令对此呈状给予批复指示。（实物尺寸：82×61 厘米）

原文：

十四都芳溪堰首孙旻璋、周庆延、周明理等，呈为民情水利乞究照田摆工修筑堰塘事：因祖设有芳溪第二堰，坐落十三都芳溪源口，灌澳十三、四、五等都，计田二百余倾（顷），照田编摆修筑到今。上年节被洪水冲坏，田土苦洒（晒），已致一方人民田禾无收。准奉明示璋等众议，会同堰甲照田各出财本，雇请匠人用石筑砌，长流澳田，免得下年失收。有等承利、恃顽洪文立、郑其师、叶小七、刘尚等，违党不肯随众出贴雇工，只得备情，望明台呈告，乞赐怜准民情，批下执照，着令该都里老公摆出贴，庶免

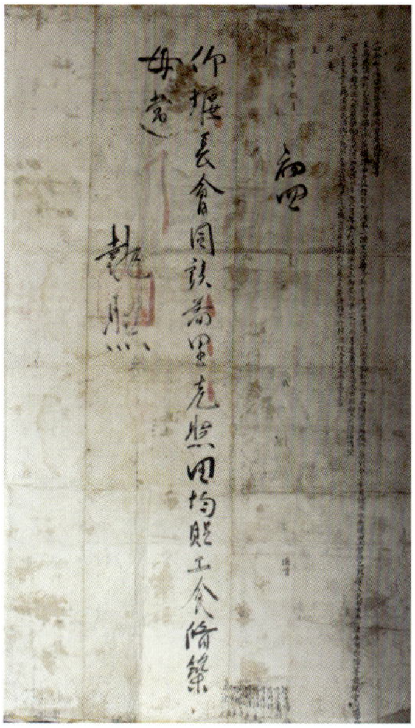

明嘉靖九年八月初四榜文

承利人户洪文立等恃顽不行照众，理合具呈须至呈者。

右具呈

堰首　孙旻璋　周延庆　周明理

周□□　周□福　周□□

周□□　周　全　周　□

周　□　状

嘉靖九年八月初四日呈状

（县宪批复：）仰堰长会同该图里，克照田均贴工食修筑，毋违。执照（松阳令印）。

注：该榜文主要讲述推行“堰董制”管理机构。

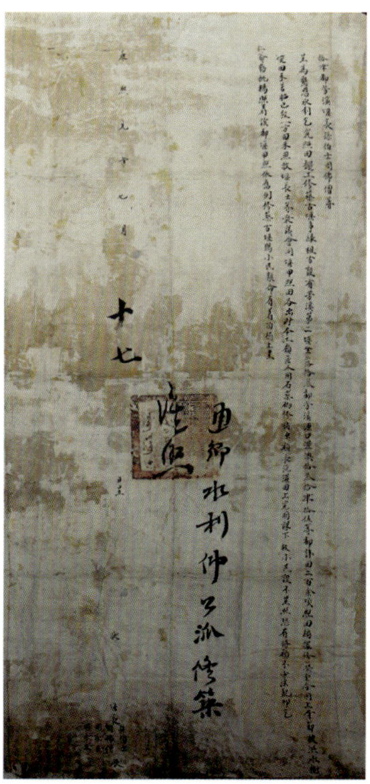

康熙元年七月十七榜文

三、康熙元年七月十七榜文

述灌区群众请知县批示修堰筹资出工方案事。（实物尺寸：64×56 厘米）

原文：

十四都芳溪堰长孙伯士、周佛僧等，呈为恳恩水利，乞究照田摆工修筑古堰事：缘祖古设有芳溪第二堰，坐落十三都芳溪源口，灌澳十三、十四、十五等都，计田二百余顷，照田编摆修筑至今，因上年节被洪水冲坏，田禾苦晒，已致一方田禾无收。堰长士等众议，会同堰甲、图里，照田各出财本工，雇匠人用石砌筑，修补原额，长流灌田，上完国课，下救小民。设不呈照，恐有恃顽不守法纪，叩乞仁爷敕批赐照，着该都堰甲照依旧例修筑古堰，赐小民粮命有着，顶德上呈。

堰长：孙伯士、周佛僧、周永良、周永求

状

（知县批复：）通乡水利仰公派修筑。准照（松阳令印）。

康熙元年七月十七日呈状

注：该榜文主要讲述芳溪二堰堰长会同堰甲、图里制定修堰方案，报县里批准。

四、康熙二十年六月（力溪防洪堤）榜文

述公费出资复筑水栋，县令示谕督堰首公派催筑事。（实物尺寸：98×67 厘米）

原文：

松阳县正堂张为恳恩赐示复筑水栋，保坦全赋事：据十四都力溪居民周希廪、周文焕、周来良、周希宋、周来球、吴一谏、孙伯运等词称，垂身等坦坐溪侧，古筑水栋三百余丈保障一方。

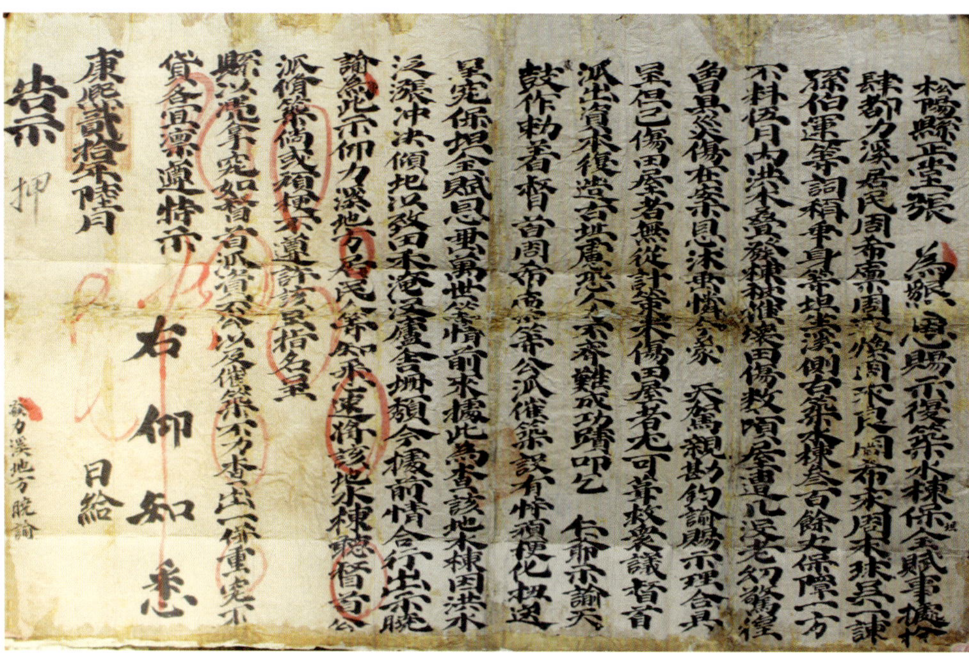

康熙二十年六月（力溪防洪堤）榜文

不料五月内，洪水叠发，栋被推坏，田伤数顷，屋遭几没，老幼惊惶，曾具灾伤在案，恩沐垂怜。今蒙天驾亲勘钧谕赐示，理合具呈，但已伤田屋者无从计策，未伤田屋者尤可葺救，众议督首派出资本复造古址。虑恐人心不齐，难成功绩，叩乞仁爷示谕，天威鼓作敕，着督首周希廪等公派催筑。设有恃顽梗化，扭送呈究，保坦全赋，恩垂万世等情。前来据此为查该地水栋，因洪水泛涨冲决倾圮，以致田禾淹没，庐舍坍颓。今据前情，合行出示晓谕。为此示，仰力溪地方居民人等知悉，速将该地水栋听督首公派修筑，倘或顽梗不遵许该呈，指名呈县，以凭拿究，如督首派资不公，以及催筑不力，查出一并重究不贷。各宜凛遵。特示。

（知县批示：）右仰知悉。

发力溪地方晓谕。

康熙二十年六月　日给

告示（押）

注：该榜文主要讲述松阳县正堂张为恳赐示复筑水栋、保坦全赋事。

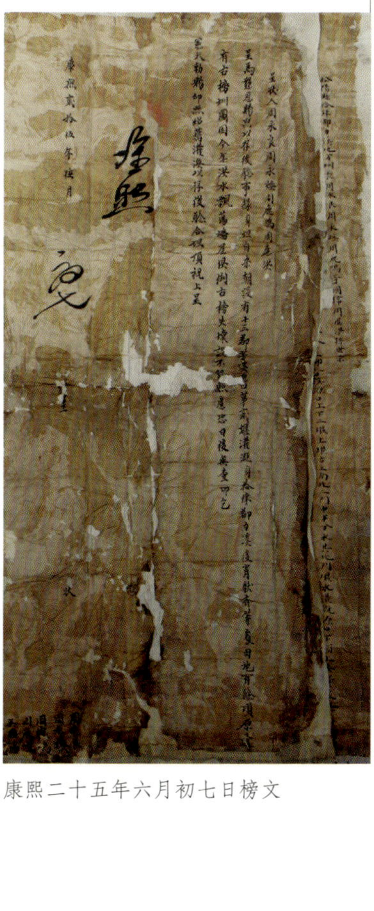

康熙二十五年六月初七日榜文

五、康熙二十五年六月初七榜文

述灌溉分水古榜损毁，请知县批示印照古圳图。（实物尺寸：57×48 厘米）

原文：

呈状人周永良、周永焕、周鹿鸣、周应洪呈为恳恩赐照，以存后验事：缘身坦自宋朝设有十三都芳溪源口第二堰灌溉，身十四都力溪、后肖、驮齐等处田地百余顷，原遗有古榜圳图，因今年洪水飘荡，墙屋俱倒，古榜失坏。设不恳照，虑恐日后无查，叩乞宪天敕赐印照，炤旧灌溉，以存后验。合坦顶祝上呈。

呈状人：周永良　周永焕　周鹿鸣

周应洪　吴国伟　孙世荣

（知县批复：）准照。

康熙二十五年六月初七日

注：该榜文主要讲述古榜圳图遗失，请求重印，上报县府批准。

六、康熙二十五年六月十七日榜文

述水毁修复，照田派修建费用事。（实物尺寸：57×50厘米）

原文：

松阳县十四都力溪地方堰长周永良、周永焕、周鹿鸣、吴国伟、周应洪、孙世荣，呈为地宪颁示筑圳以全国课民命事：窃自宋朝以来，设立水圳坐落十三都芳溪源口上下二堰。上堰古立南北二门，中半分水。北门堰水灌溉源口、下项、上安等处地方田地；南门堰水灌溉下圳十四都力溪、大齐、后肖、周弄口、徐山、高岸、包村、塘头，十三都源口、十五都岗坞共十坦田地，通计百顷有余。历传古榜堰图，轮流灌溉，至今无异。不料，闰四月廿六日，忽逢滔天洪水，身等本坦古堰尽皆推坏，古榜堰图相随房屋漂没，无处可循。且值亢旱，田禾枯槁，苦无堰水灌溉。将来一逢荒旱，秋收绝望，钱粮民食无依。身系堰长，曾已呈控县主，止蒙比照，但砌筑古圳，抬石扛石，雇工请匠费用、

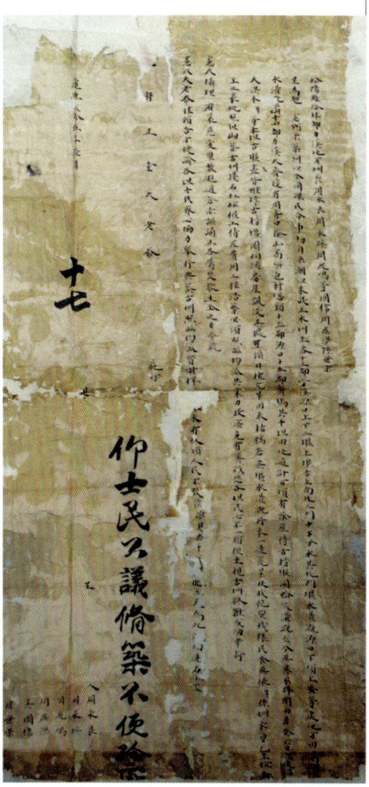

康熙二十五年六月十七日榜文

工程浩繁，必须照亩均派，共襄力役，庆克有济。诚恐各坦民心不一，顽梗坐视，古堰终难成功。幸得宪天摄理，府篆慈爱，覃敷遐迩，苍赤讴诵，正各消灾，黎生金之日奔号。宪天大老爷准颁告示晓谕各坦，士民齐心协力，举行兴筑古圳照亩均派资财，俾□□求有认领，人民不致沦漓，感恩垂千古。□□□□为此急切连名上呈县府正堂大老爷施行。

呈状人：周永良　周永焕　周鹿鸣

周应洪　吴国伟　孙世荣

（知县批复：）仰士民公议修筑，不便验示。

康熙二十五年六月十七日

注：该榜文主要记载了自宋朝以来芳溪堰的轮灌方案，即明确了堰坝水权由力溪、源口、五小坦获得。

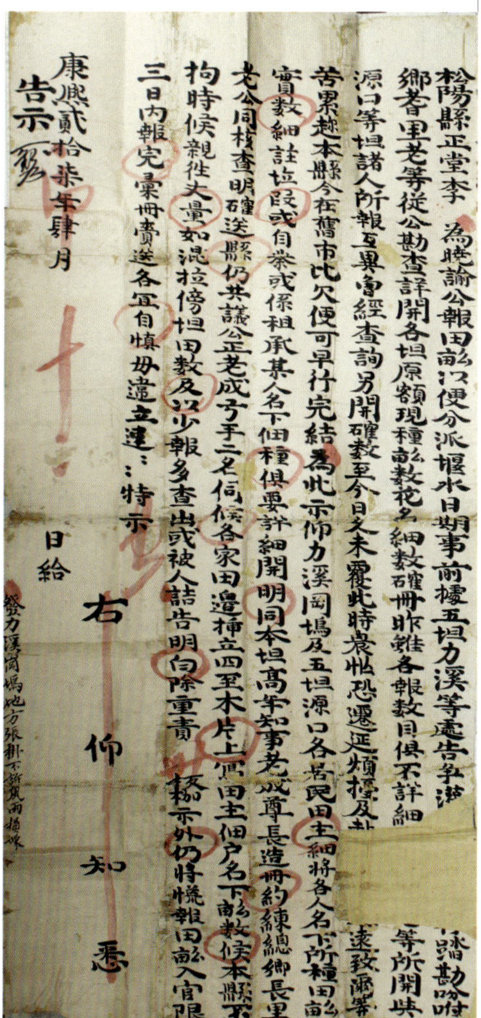

康熙二十七年四月十日榜文

七、康熙二十七年四月十日榜文

县令要求灌区公报田亩，以便分派堰水日期事。（实物尺寸：168×56厘米）

原文：

松阳县正堂李为晓谕公报田亩，以便分派堰水日期事：前据五坦、力溪等处告争灌□□□□□□□踏勘吩咐乡耆里老等，从公勘查，详开各坦原额、现种亩数花名细数确册。昨虽各报数目，俱不详细。□□□□□□等所开与源口等坦诸人所报互异，曾经查询，另开确数，至今日久未覆。此时农忙，恐迁延烦扰，及赴□□□□□远致尔等苦累。趁本县今在旧市，比欠便可早行完结。为此示仰力溪、冈坞及五坦、源口各居民田主，细将各人名下所种田亩实数细注，坦民或自业，或系租承某人名下佃种，俱要详细开明，同本坦高年、知事老成，尊长造册，约练总、乡长、里老公同核查明确送县，仍共议公正，老成弓手二名，伺候各家田边插立四至木片，上写田主、佃户名下亩数，候本县不拘时候亲往丈量。如混拉傍坦田数及以少报多，查出或被人讦告明白，除重责卅板枷示外，仍将谎报田亩入官。限三日内报完汇册赍送，各宜自慎，毋违立。速速特示。

（县令批复：）右仰知悉。

康熙二十七年四月十日

告示　给发力溪、岗坞地方张挂，不许风雨损坏。

注：该榜文主要讲述有效灌溉面积调查，明确了村、乡、县的上报、复核程序规定，对虚报面积者采取了强力的处罚措施，开创了“不拘时候亲往丈量”的“飞检”模式。

八、康熙二十七年六月二十日榜文

述时任县令根据灌区群众的诉状，核查历史资料后发现前任县令的批示有失平允，遂亲自勘测现场，派定水期，轮值分灌。（实物尺寸：168×128 厘米）

康熙二十七年六月二十日榜文

原文：

松阳县正堂李为截夺官堰等事：据刘世广告周时远□□□水期故榜，恃强夺灌等情，此盖本年二月十六日告词也。力溪周时远延至三月初八始行投诉，而源口徐大运等又越一十□□□，十一日方具诉词。本县检阅旧案，查康熙十八年七月内，麻日昌等为聚党□命事，告源口徐老朋等恃□□□□锣持械打伤金佛明等。前县批捕查报，续据呈诉旧榜分定水次，彼地源口三日，今一□独霸抗法，恳踏□□□。十八日，据典史刘绍统详称，周道士等乞息众议，力溪六日，次五坦三日，末源口五日。申明前县允详在案。本县斟酌前情确失平允，随即亲行踏勘，谆谕乡约练长等，开具各坦实在田亩。虽四月初五投有一册，俱无并畛确数。随发劝谕告示三□□，各坦自行开报现存实田细数，仍各按界插标，候本县亲临校勘。十三日，五坦遵即造送，而岗坞五月十六亦经投册，力溪延至六月二十日方行造报，而源口抗延，竟不造送。方今天道亢旸，需水如命，如果田多期少，自应眉焚争先投辩，何至谕示，差提催拘勒限十余次，哀如充耳，杳不一应耶！其田少水余，藐官抗横。从前情弊不问，可知法应锁拿重究。虑时殷苦，旱农□□□，姑暂宽贷，俟后体访究处。斯时苗禾病枯，势难再延，合亟示期。据册，力溪、岗坞合田二十五顷有奇，五坦共田二十二顷有余，源□□□十三顷余，大□四顷上下。水期日，首从力溪、岗坞起灌六日，次后肖、包村、大齐、高岸、塘头五坦五日，再次源口三日，仍循十四日一轮，之□周而复始，永行遵守。再查芳溪古堰，乃岗坞祖宦创筑，汝等饮食思源，须各义让从优，不得同众例较，宜敦厚道如情法□□□，自行勒石垂永。为此，示仰合堰各坦居民知悉，俱照现今派定水期轮值分灌，毋再如前搀越混争。如敢恃强结党，阻挠定期□□害，诸人协同乡长地方，扭解赴县，查审明确，定行重责、枷示，本处断不使豪恶恣横良□□所也。各宜凛遵。须至示者。

（县令批复：）右仰合堰各坦居民知悉。

康熙二十七年六月二十日

告示　给发力溪地方晓谕。

注：该榜文主要记载了时任县令认为前任县令制定的先力溪灌溉6日，再小五坦3日，末源口5日的轮灌方案有失公允。他在重新调查有效灌溉面积后，对水权进行了变更。

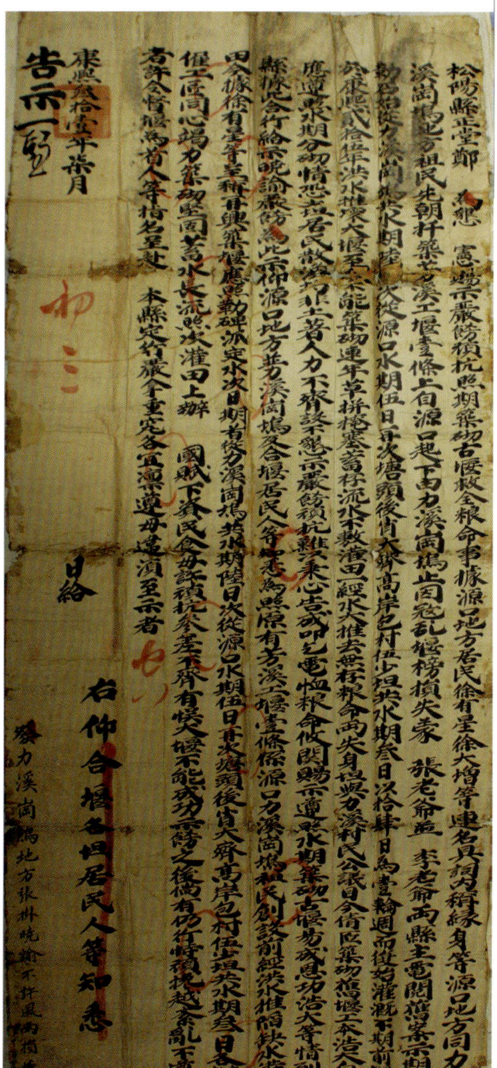

康熙三十一年七月初三日榜文

九、康熙三十一年七月三日榜文

灌区群众呈状希望知县主持重修芳溪堰。知县批准后敲定方案，要求灌区群众按灌溉亩数各自雇工筑堰。（实物尺寸：135×57 厘米）

原文：

松阳县正堂郑为恳宪赐示严饬顽抗，照期筑砌古堰，救全粮命事：据源口地方居民徐有星、徐大增等连名具词内称，缘身等源口地方同力溪、岗坞地方祖民先朝扦筑芳溪堰一条，上自源口起，下由力溪、岗坞止。因寇乱，堰榜损失，蒙张老爷并李老爷两县主悉阅旧案，示期勒石，始从力溪、岗坞共水期六日，次从源口水期五日，再次塘头、后肖、大齐、高岸、包村五少坦共水期三日，以十四日为一轮，周而复始灌溉。不期，前堰于康熙二十五年，洪水推坏大堰，至今不能筑砌，连年草拼掩塞蓄存，流水不敷灌田。一经水大，推去无存，粮命两失。身坦与力溪村民公议，目今请匠筑砌旧堰，工本浩大，自应遵照水期分砌，情恐少坦居民散涣，均非土著，人力不齐，设不恳示，严饬顽抗，杂以秉心告成，叩乞电恤，粮命攸关，赐示遵照水期筑砌，古堰易成，恩功浩大，等情到县，据此合行给示晓谕严饬。为此，示仰源口地方并力溪、岗坞及合堰居民人等知悉，为照原有芳溪二堰一条，系源口、力溪、岗坞祖民创设，前经洪水推陷，缺水灌田。今据徐有星等呈称，再兴筑堰，应照勒碑，派定水次日期。首从力溪、岗坞共水期六日，次从源口水期五日，再次塘头、后肖、大齐、高岸、包村五少坦共水期三日，各办雇工匠，同心协力筑砌坚固，蓄水长流，照次灌田，上办国赋，下资民食，勿许顽抗，参差不齐，有误大堰，不能成功。示饬之后，倘有仍行恃顽搀越紊乱不遵者，许令督堰为首人等指名呈赴，本县定行严拿重究。各宜凛遵，勿违。须至示者。

（县令批复：）右仰合堰各坦居民人等知悉。

康熙三十一年七月初三日

告示　给发力溪、岗坞地方张挂晓谕，不许风雨损坏。

注：该榜文主要记载了芳溪二堰为源口、力溪、岗坞祖民所建，该三个村拥有芳溪二堰的水权。

十、康熙三十五年四月二十六日榜文

状告源口地方土豪强截霸灌，请示批捕地方土豪。（实物尺寸：58×50 厘米）

原文：

呈状力溪地方坦民周时鸣、周鹿鸣、周应洪、吴叶孙等，呈为抗顽待荒，违例截霸，七坦民命无生事，缘身同源口、后肖、塘头等八坦，共坐芳溪官堰一条，遇旱同力筑砌，派定始从身坦六日，次从源口五日，后从后肖五小坦三日，周而复始，灌溉八坦，粮命攸关，历示可电。乘今雨泽愆期，身坦遵奉宪批，于本月二十三日竭力修筑，应从定期。讵遭源口地方土豪徐增孙、徐正运、徐郑孙、

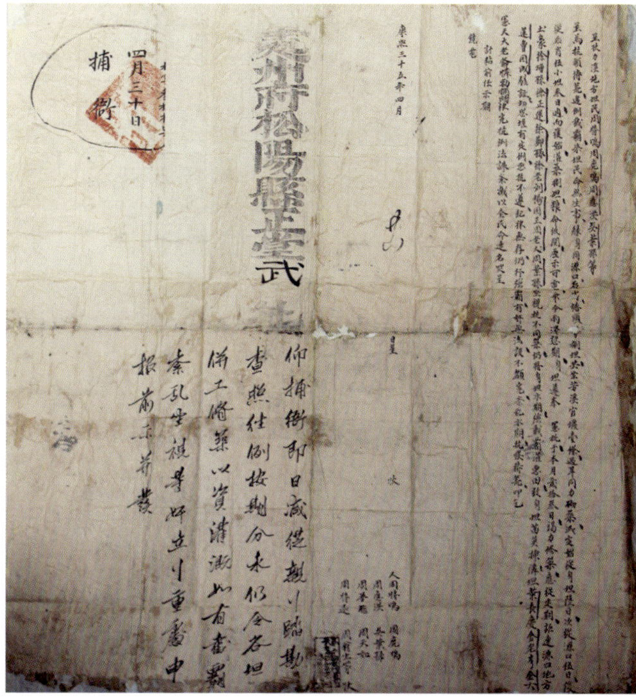

康熙三十五年四月二十六日榜文

徐老六、杨国王、周老大、周业孙，坐视抗不同筑，仍将身坦水期，强截霸灌恶田，致身坦苗莫插。邻坦叶长庆、金老亨、金大运、曹国成骇证。切思堰有定例，恶抗不遵，纪律无存，仍行强霸，有奸无法，设不睹究，紊乱水期，抗悮待荒。叩乞宪天大老爷怜敕，捕踏律，究抗例法，诛紊乱，以全民命。连名哭呈。

计粘前任示期

镜电

呈状人：周时鸣　周应洪　周普能

周时远　周鹿鸣　吴叶孙

周天如　周翁生　等状

康熙三十五年四月二十六日

处州府松阳县正堂武批

（知县批复：）仰捕衙，即日减从亲行踏勘，查照往例，按期分水，仍令各坦并工修筑，以资灌溉。如有截霸、紊乱、坐视等奸，立行重处，申报前示并发。

四月三十日

捕衙（松阳令印）

注：该榜文主要记载了时任县令追究源口地方土豪强截霸灌、不遵水期的行为，维护灌区群众的水权。

十一、康熙三十五年五月榜文

县令并工修筑按期分水的告示。（实物尺寸：58×50 厘米）

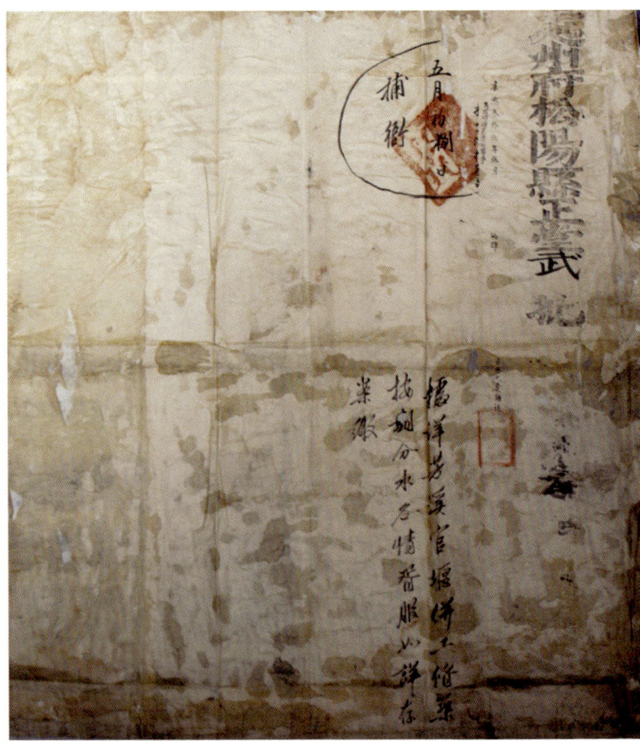

康熙三十五年五月榜文

原文：

据详芳溪官堰并工修筑，按期分水，各情胥服，如详存按缴。

处州府松阳县正堂武批

（知县批复：）五月仰捕衙

捕衙（松阳令印）

康熙三十五年五月

注：该榜文主要记载了芳溪堰并工修筑、按期分水各情胥服，如详存案。

十二、乾隆二十五年二月初七榜文

按实际情况制定修堰派工出资的方案，分为照田均泒、募捐（不拘多寡）、照户强壮人丁均派。（实物尺寸：57×50 厘米）

原文：

特授松阳县正堂加三级、纪录五次吴为遵批议明清册送验仍候驾勘事：据士民周启昌、周启□、吴普增、周世洛等具呈前事，词称：切身等本月初一日，以叩恩给示敕筑水坝，疏通水道，以保田庐等事具呈。蒙批田地有高下不等，户口有强壮老幼多寡不齐，富户捐资亦有愿捐多寡不同，着该庄老成有身家之人，秉公酌议，作如何上中下派费派工，富户捐资多寡之处逐一开造清册呈验，以凭核夺等，批身等遵批会同老成人等揆情度势公议，□庄西乎村顶田地，近于溪河者共田一顷一十亩，此项要照田均派，每亩该出银两，断不可少。□□□项银两为主，难以兴工。其富家坐田身庄置有仓场，田地虽非近溪，而仓房实坐身庄，众安则安。此项应向募捐，随愿捐赀，不拘多寡，断不可坐视观望。甘居鄙吝其人工，照户口强壮人丁均派，有田庐者循日点工，多者两工，少者一工，寄居无田庐者两日一工或三日一工。为首总理四名、督工干理者八名，身等逐一开造清册二本送验，叩乞电栽（裁）出示，发庄粘贴，晓谕凛遵，毋许梗顽误公，顶祝无涯上呈等情前来，据此合行出示晓谕。为此，示仰该庄西乎村顶近溪河田地及富家坐田置有仓场人等知悉，尔等各照所议，实力修筑以保田庐，情勿坐视观望，致于未便。各宜凛遵勿违。特示。

（知县批复：）右仰知悉。

乾隆二十五年二月初七日给（松阳令印）

告示

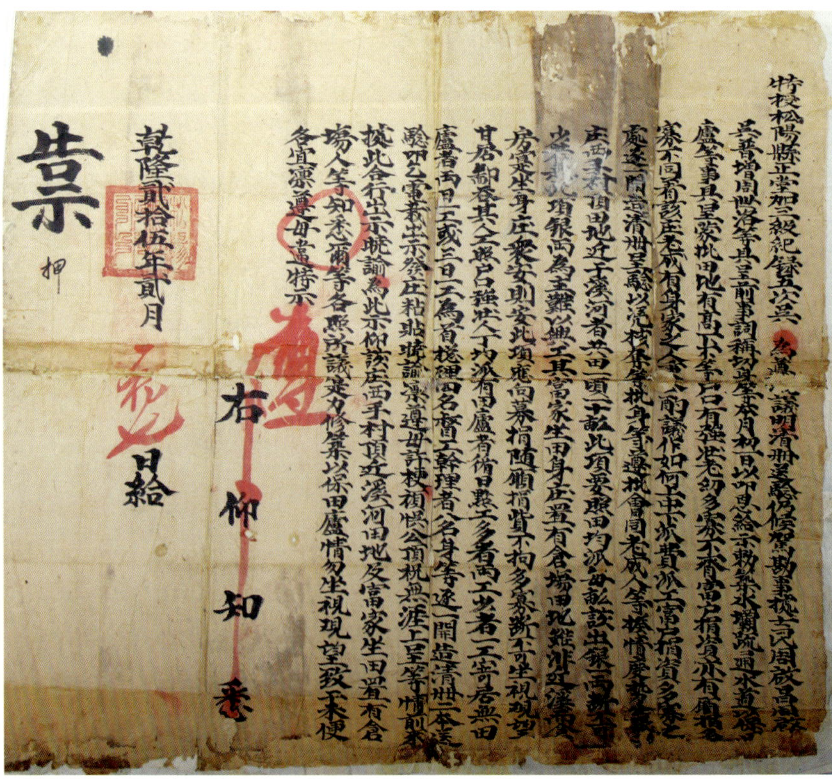
右仰知悉
乾隆貳拾伍年貳月 日給
告示
押

乾隆二十五年二月初七榜文

注：该榜文主要记载时任官府根据每家每户的实际情况，分别制定不同的修堰派工出资方案。

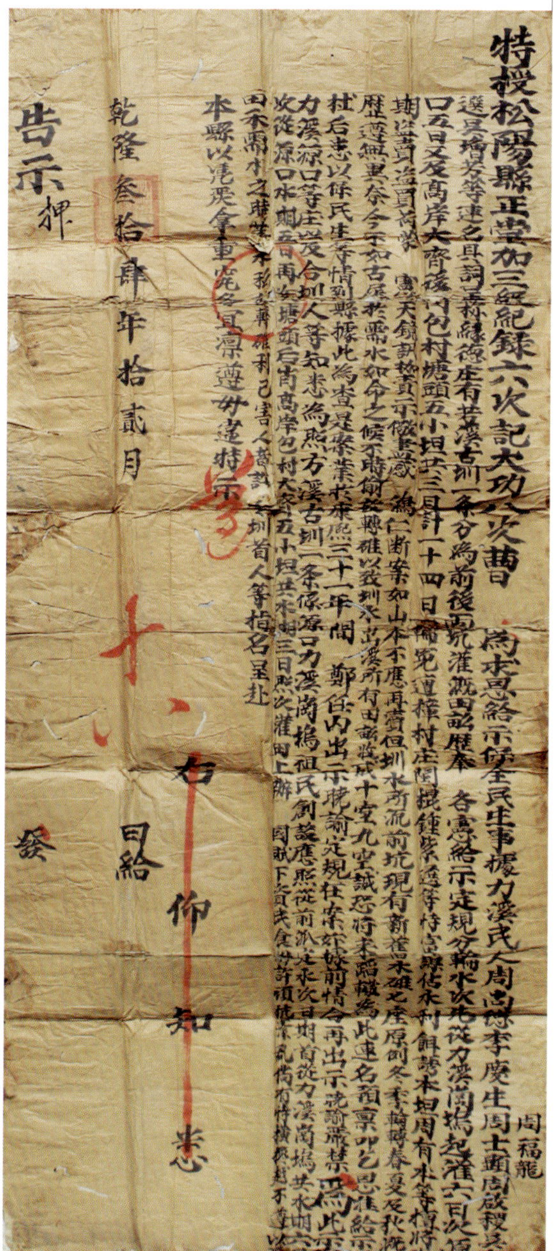

乾隆三十四年十二月十六日榜文

十三、乾隆三十四年十二月十六日榜文

告示灌区群众严格按照派定的水期灌溉，不允许发生盗买盗卖灌溉水期的事情，否则严拿重究。（实物尺寸：126×57厘米）

原文：

特授松阳县正堂加三级纪录六次、记大功八次曹为求恩给示保全民生事：据力溪民人周尚德、李兴生、周士显、周福龙、周启稷、吴有选、吴增芳等，连名具词呈称，缘德庄有芳溪古圳一条，分为前后两坑，灌溉田亩。历奉各宪给示定规分轮水次，先从力溪、岗坞起灌六日，次源口五日，又及高岸、大齐、后肖、包村、塘头五小坦共三日，计十四日一轮。竟遭樟村庄闽棍钟紫选等，恃富谋占水利，铒诱本坦周有本等，擅将水期盗卖盗买。荷蒙宪天镜讯杖责示儆，尽感鸿仁断案如山，本不应再卖。但圳水所流前坑，现有新旧水碓七座，原例冬季轮转，春夏及秋溉田，历遵无异。奈今不如古，属于需水如命之候，不时偷放转碓，以致圳水出溪，所有田亩收成十室九空。诚恐将来蹈辙，为此联名预禀，叩乞恩准给示，以杜后患，以保民生等情。到县据此为查，是案业于康熙三十年间郑任内出示晓谕，定规在案。兹据前情，合再出示晓谕严禁。为此示仰力溪、源口等庄以及合圳人等知悉为照。芳溪古圳一条，系源口、力溪、岗坞先民创设，应照从前派定水次日期，首从力溪、岗坞共水期六日，次从源口水期五日，再从塘头、后肖、高岸、包村、大齐五小坦共水期三日，照次灌田，上辨国赋，下资民食，勿许顽抗紊乱。倘有恃横搀越，不遵以田禾需水之时，□水私□转碓，利己害人者，许令堰首人等指名呈赴，本县以凭严拿重究。各宜凛遵，毋违。特示。

（县令批复：）右仰知悉。

乾隆三十四年十二月十六日给（松阳令印）

告示　发力溪。

注：该榜文主要为水权交易内容。在康熙三十一年（1692）至乾隆三十四年（1769）间，松阳县有记载的有两次出现了水期买卖的案件。水期买卖主要用于水碓碾大米等加工业，当时为保农田灌溉均被时任政府禁止。

十四、嘉庆五年十二月十九日榜文

要求灌区群众尽快将堰坝冬修费用上缴、派拨人工，照田亩照数出资、出工。（实物尺寸：124×53 厘米）

原文：

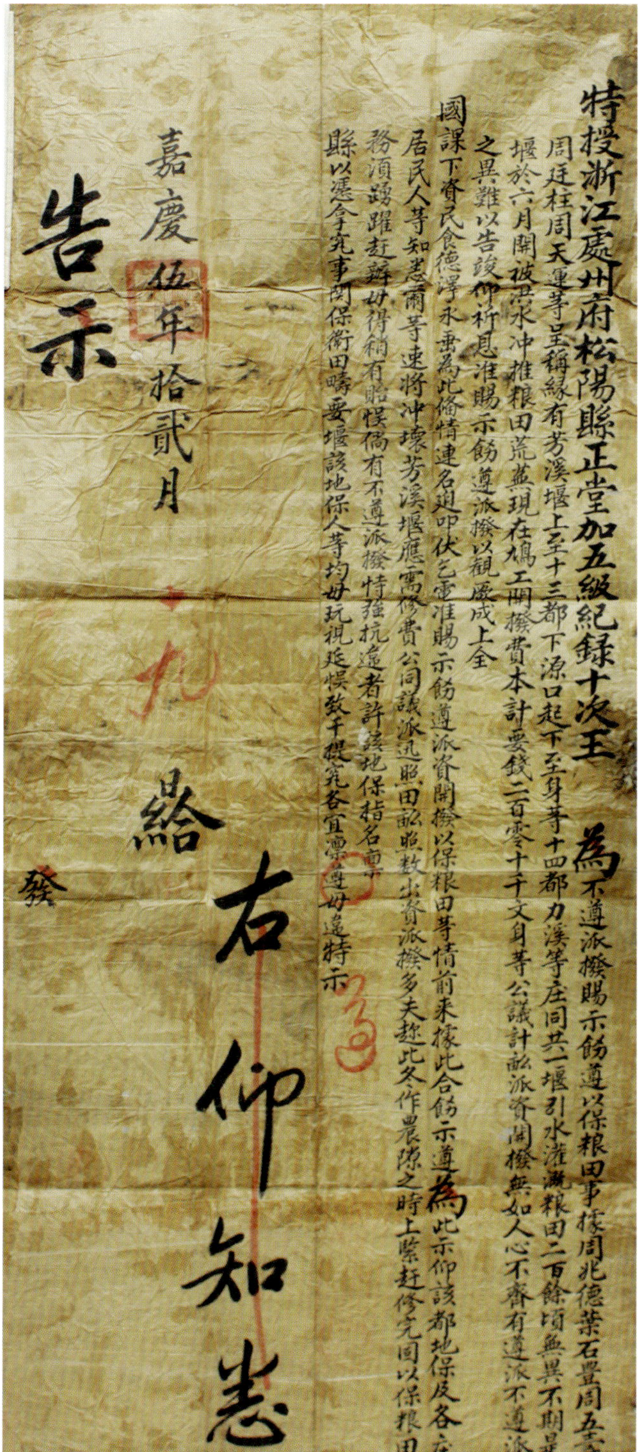
特授浙江處州府松陽縣正堂加五級紀録十次王 為不遵派撥賜示飭遵以保粮田事據周兆德葉石豐周五壽
周廷柱周天運等呈稱緣有芳溪堰上至十三都下源口起下至身等十四都力溪等庄同共一堰引水灌溉粮田二百餘頃無異不期是
堰於六月開被洪水冲推粮田荒蕪現在鳩工開撥費本計要錢二百零十千文身等公議計畝派資開撥無如人心不齊有遵派不遵派
之異難以告竣仰祈恩准賜示飭遵派撥以觀厥成上全
國課下資民食德澤永垂為此備情連名迫叩伏乞電准賜示飭遵派資開撥以保粮田等情前來據此合飭示遵 為此示仰該都地保及各庄
居民人等知悉爾等速將冲壞芳溪堰應需修費公同議派迅照田畝照數出資派撥多夫趁此冬作農隙之時上緊赶修完固以保粮田
務須踴躍赶辦毋得稍有賠悮倘有不遵派撥恃強抗違者許該地保指名稟
縣以憑拿究事關保衛田疇要堰該地保人等均毋玩視延悮致干提究各宜凜遵毋違特示
右仰知悉
嘉慶伍年拾貳月十九日給
告示
發

嘉庆五年十二月十九日榜文

特授浙江处州府松阳县正堂加五级、纪录十次王为不遵派拨赐示饬遵，以保良田事：据周兆德、叶石豊、周五寿、周廷柱、周天运等呈称，缘有芳溪堰，上至十三都下源口起，下至身等十四都力溪等庄，同共一堰，引水灌溉良田二百余顷无异。不期是堰于六月开（间），被洪水冲推，粮田荒芜。现在鸠工开拨费本计，要钱二百零十千文。身等公议，计亩派资开拨。无如人心不齐，有遵派不遵派之异，难以告竣。仰祈恩准赐示饬遵派拨，以观厥成，上全国课，下资民食，德泽永垂。为此，备情连名迫叩，伏乞电准赐示饬遵派资开拨，以保粮田等情，前来据此合饬示遵。为此，示仰该都地保及各庄居民人等知悉，尔等速将冲坏芳溪堰应需修费，公同议派，迅照田亩照数出资，派拨多夫，趁此冬作农隙之时，上紧赶修完固，以保粮田。务须踊跃赶办，毋得稍有贻误。倘有不遵派拨，恃强抗违者，许该地保指名禀县，以凭拿究。事关保卫田畴要堰，该地保人等，均毋玩视延误，致干提究。各宜凛遵，毋违。特示。

（县令批复：）右仰知悉。

嘉庆五年十二月十九日给（松阳令印）

告示

注：该榜文主要记载特授浙江处州府松阳县正堂加五级、纪录十次王为不遵派拨赐示饬遵，以保良田事。

十五、道光十三年十一月二十八日榜文

要求有田农民及地保按亩派捐，征修堰所需费。（实物尺寸：54×51 厘米）

原文：

特授处州府松阳县正堂加五级、纪录十二次汤为拨圳保田，公叩示遵，以免阻挠事：据吴汉洪、周瑞莲、李文龙、叶石丰、阙元富、周起增、阙斌元、包士选、李石光、金宝林、邱华海、徐公鸿、徐廷梁、李元成、廖章柏等呈称，身等力溪、后肖、大徐、高岸、包村、塘头、下源口等庄，共坐粮田四十余顷，均伏芳溪圳水灌溉、保卫粮田，屡逢推坏修理，叠经请示，饬遵以期，众心踊跃，免至拂挠阻误，实属公允。所以嘉庆五年及道光元年并道光三年拨修，俱曾呈叩公修。蒙前王、刘、江三宪俯准赐示按亩派捐，共成美举。不期本年夏雨淋漓，山水泛溢，该圳推没壅塞不等，设不预为拨修，将来粮田无以需灌，贻害非浅。际此农隙工暇，

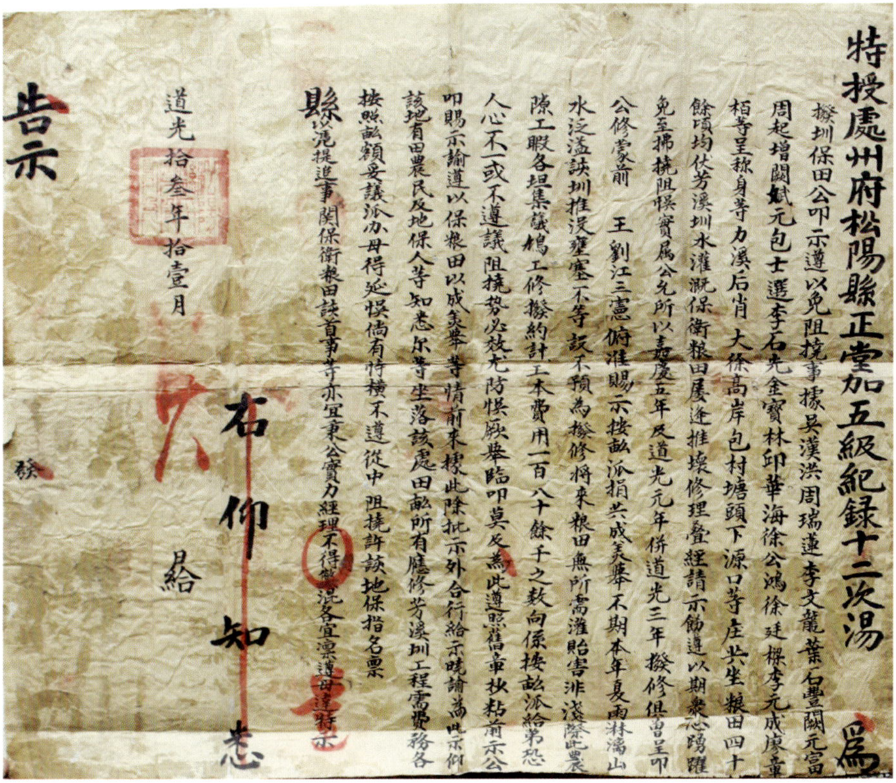

特授處州府松陽縣正堂加五級紀錄十二次湯 爲
撥圳保田公叩示遵以免阻撓事據吳漢洪周瑞蓮李文龍葉石豐闕元富
周起增闕斌元包士選李石先金寶林邱華海徐公鴻徐廷樑李元成康章
栢等呈稱身等力溪后肖 大條高岸包村塘頭下源口等庄共坐粮田四十
餘頃均仗芳溪圳水灌溉保衛粮田屢逢推壞修理叠經請示飭遵以期衆心踴躍
免至拂撓阻悞實屬公允所以嘉慶五年及道光元年併道光三年撥修俱曾呈叩
公修蒙前 王劉江三憲俯准賜示按畝派捐共成美舉不期本年夏雨淋漓山
水泛溢該圳推沒壅塞不等設不預為撥修將來粮田無所需灌貽害非淺除此農
隙工暇各堨集議鳩工修撥約計工本費用一百八十餘千之數向係按畝派給弟恐
人心不一或不遵議阻撓勢必效尤防悞厥舉臨叩莫及為此遵照舊章抄粘前示公
叩賜示諭遵以保粮田以成美舉等情前來據此除批示外合行給示曉諭為此示仰
該地有田農民及地保人等知悉尔等坐落該處田畝所有應修芳溪圳工程需費務各
按照畝額妥議派办毋得延悞倘有恃横不遵從中 阻撓許該地保指名稟
縣以憑提追事関保衛粮田該首事等亦宜秉公實力經理不得弊混各宜凛遵毋違特示

右仰知悉

道光拾叁年拾壹月 日給

告示

發

道光十三年十一月二十八日榜文

各坦集议鸠工修拨，约计工本费用一百八十余千之数，向系按亩派给。弟恐人心不一，或不遵议阻挠，势必效尤防误厥举、临叩莫及。为此，遵照旧章，抄粘前示，公叩赐示谕，遵以保粮田以成美举等情前来。据此除批示外，合行给示晓谕。为此示仰该地有田农民及地保人等知悉，尔等坐落该处田亩，所有应修芳溪圳工程需费，务各按照亩额，妥议派办，毋得延误。倘有恃横不遵，从中阻挠，许该地保指名禀县，以凭提追。事关保卫粮田该首事等，亦宜秉公实力经理，不得弊混。各宜凛遵，毋违。特示。

（县令批复：）右仰知悉。

道光十三年十一月廿八日给（松阳令印）

告示

注：该榜文主要记载要求灌区群众遵照以前按亩派捐的修堰筑堰筹资筹工方式，上缴修堰工本费。

十六、光绪二年九月初六榜文

芳溪堰因山水过多，兼有商贩为放运竹木，暗中拆毁堰圳，导致该圳损坏、壅塞。县府根据堰长请示，批示芳溪堰受益者按亩派捐。（实物尺寸：63×58 厘米）

原文：

补用总捕府署松阳县正堂加三级、纪录五次储为出示晓谕事：据十四都力溪庄衿耆马万森、阙炳旺、吴日光、周之翰、饶永富、包官荣呈称，伊庄共坐粮田数十顷，向赖芳溪圳水灌溉。本年夏雨过多，山水泛溢，兼有大帮放运竹木，以致该圳损坏、壅塞。现集村众核实，估修计需工价钱一百五十余千，应循旧章，按亩捐修复，以保粮田，公叩出示晓谕等情到县。据此除批示外，合行出示晓谕。为此示仰十四都力溪庄业主、佃户、地保人等知悉，尔等管种粮田，如果向引芳溪圳水灌溉者，务须按亩派捐，富者出钱，贫者出力，将圳修筑完固，以资蓄泄而保农田，弗得推诿旁观，致贻见义不为之诮。至于此后放运竹木，亦宜各自背放，勿得暗中拆毁。其就地居民尤不得藉端阻挠。倘敢故违，一经访闻或被告发，定即差提到县，从重惩办，决不宽贷。各宜凛遵，毋违。特示。

（县令批复：）右仰知悉。

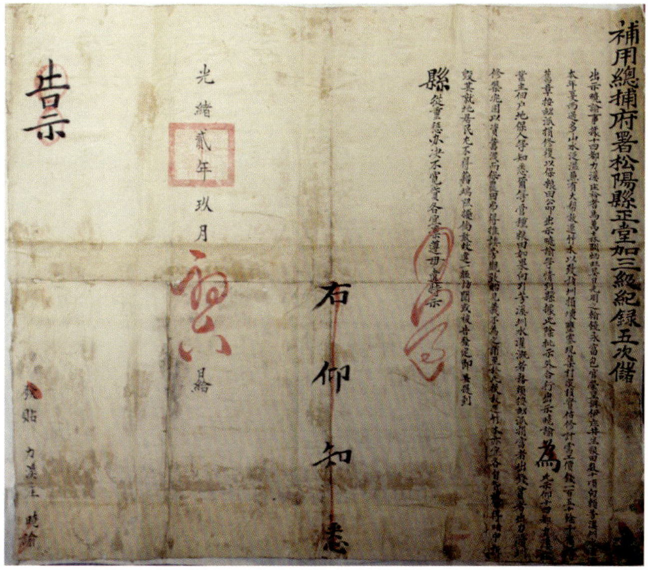
補用總捕府署松陽縣正堂加三級紀錄五次儲

右仰知悉

光緒貳年玖月　給

告示

發貼　力溪庄　曉諭

光绪二年九月初六榜文

光绪二年九月初六日给（松阳令印）

告示　发贴力溪庄晓谕。

注：该榜文主要记载时任县令要求灌区群众循旧章按亩派捐修堰、筑堰，富者出钱，贫者出力。

十七、光绪七年十二月十二日榜文

灌区群众举报，县令秉公断案，根据历史资料判定灌溉分水日期，不得有违。（实物尺寸：58×58 厘米）

原文：

钦加同知衔调补鄞县松阳县正堂大计卓异加六级、纪录十二次、记大功十八次朱为明定水期，出示晓谕，以垂永远事：案据十四都力溪庄民人马万森、吴日江、饶永富、阙炳旺、邓金鉴、吴传宗、项日根、包立大等，呈控小五坦民人廖正楷，藉子武举廖登高之势，霸期纠众，将马日根等捆殴关禁。检呈康、嘉年间水期印示，叩请押回验究等情一案，当饬据该差将马日根等押回验明受伤属实，并即勒提讯究。去后嗣据武举廖登高检呈，道光四年江前县断详水期碑摹核，与马万森等呈案印示及所控情形不符，又经限令廖登高将殴伤马日根等下手之人，先行按名指出。一面详请督宪抄发前案定断，嗣奉批示散失无存，饬即秉公讯断等因。奉查芳溪水堰，为三庄农田水利所关，虽访之各庄乡耆，有该堰上下两堤，系力溪、下源口两庄先民出资公筑，小五坦并不助资助力等语。但今昔情形不同，设当秋夏乏雨之际，仍照康、嘉年印示小五坦仅轮三日三夜，不敷灌溉，亦属实情。当经本县按段履勘，计各庄田亩多寡，秉公酌断，除将断案绘图贴说，通详立案，并将武举廖登高详请暂革，一面遵批勒令跟交廖老四等送案究办外，合先出示晓谕。为此示仰力溪、下源口以及小五坦各庄绅民人等知悉。自示之后，尔等须遵本县此次断定限期，自六月初一日起，先轮力溪庄灌溉六日六夜，次从下源口庄五日五夜，再次唐头、后萧、高岸、包村、大齐小五坦共轮四日四夜，各以次日天明交替。倘有不法之徒，敢再仍前恃强争霸及另酿纠殴不法重案，一经告发，定即严提加等，从重惩办，决不姑宽。其各永远凛遵勿违，切切。特示。

（县令批复：）右仰知悉。

光绪七年十二月十二日给（松阳令印）

告示　发贴力溪庄晓谕。

注：该榜文主要体现芳溪堰水权获取遵循投资所有原则，水权获取来源于初始工程投资，体

现了“谁开发，谁所有”原则，将历来的“十四日”轮灌变更为“十五日”轮灌。

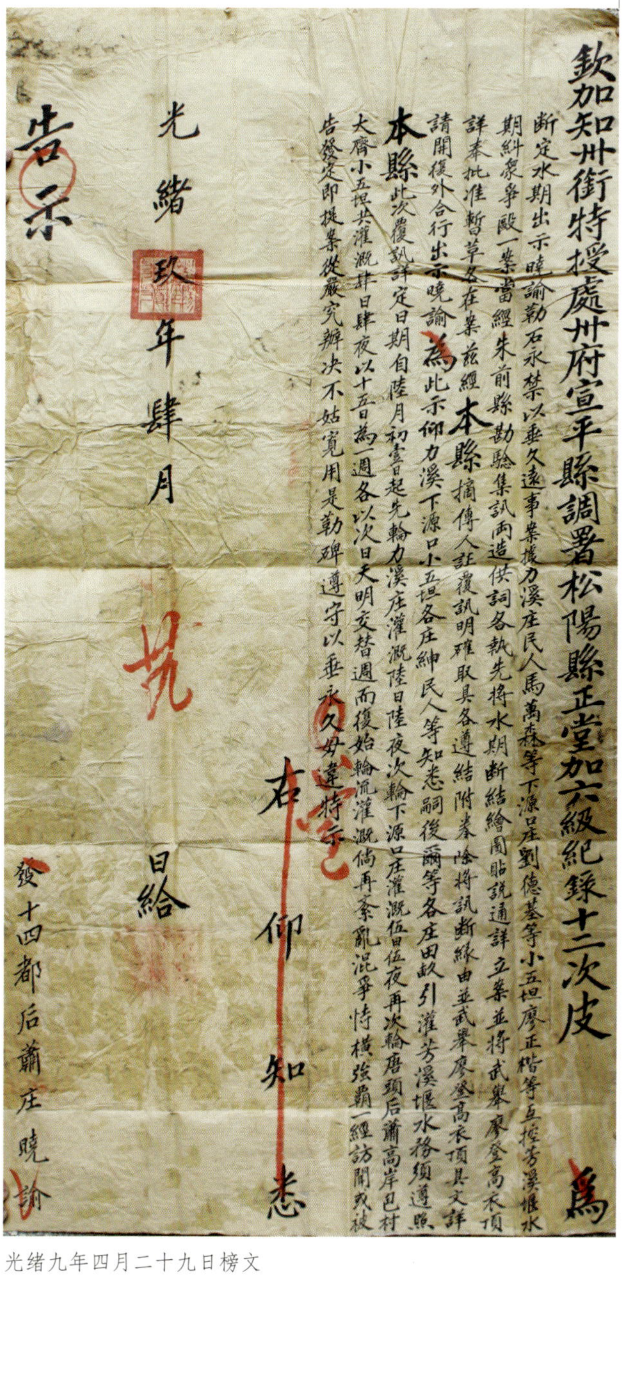
欽加知州銜特授處州府宣平縣調署松陽縣正堂加六級紀錄十二次皮爲
斷定水期出示曉諭勒石永禁以垂久遠事案據力溪庄民人馬萬森等下源口庄劉德基等小五坦廖正楷等互控芳溪堰水
期糾衆爭毆一案當經朱前縣勘驗集訊兩造供詞各執先將水期斷結繪圖貼説通詳立案並將武舉廖登高衣頂
詳奉批准暫革在案茲經本縣摘傳人証覆訊明確取具各遵結附卷除將訊斷緣由並武舉廖登高衣頂具文詳
請開復外合行出示曉諭爲此示仰力溪下源口小五坦各庄紳民人等知悉嗣後爾等各庄田畝引灌芳溪堰水務須遵照
本縣此次覆訊詳定日期自陸月初壹日起先輪力溪庄灌溉陸日陸夜次輪下源口庄灌溉伍日伍夜再次輪唐頭后蕭高岸巴村
大瑤小五坦共灌溉肆日肆夜以十五日爲一週各以次日天明交替週而復始輪流灌溉倘再紊亂混爭恃横強覇一經訪聞或被
告發定即提案從嚴究辦決不姑寬用是勒碑遵守以垂永久毋違特示
右仰知悉
光緒玖年肆月　日給
告示
發十四都后蕭庄曉諭

光绪九年四月二十九日榜文

十八、光绪九年四月二十九日榜文

灌区群众争水，县令按照历史资料和现实情况，判定分水灌溉日期，灌区群众不得紊乱混争。（实物尺寸：112×56 厘米）

原文：

钦加知州衔特授处州府宣平县调署松阳县正堂加六级、纪录十二次皮为断定水期，出示晓谕，勒石永禁，以垂久远事：案据力溪庄民人马万森等，下源口庄刘德基等，小五坦廖正楷等，互控芳溪堰水期，纠众争殴一案，当经朱前县勘验集讯，两造供词各执，先将水期断结，绘图贴说，通详立案，并将武举廖登高衣顶详奉批准，暂革名在案。兹经本县摘传人证，覆讯明确取具，各遵结附卷，除将讯断缘由并武举廖登高衣顶具文详请开复外，合行出示晓谕。为此示仰力溪、下源口、小五坦各庄绅民人等知悉，嗣后，尔等各庄田亩引灌芳溪堰水，务须遵照本县此次复讯评定日期，自六月初一日起，先轮力溪庄灌溉六日六夜，次轮下源口庄灌溉五日五夜，再次轮唐头、后萧、高岸、包村、大齐小五坦共灌溉四日四夜。以十五日为一周，各以次日天明交替，周而复始，轮流灌溉。倘再紊乱混争，恃横强霸，一经访闻或被告发，定即提案，从严究办，决不姑宽。用是勒碑遵守，以垂永久，勿违。特示。

（县令批复：）右仰知悉。

光绪九年四月廿九日给（松阳令印）

告示　发十四都后萧庄晓谕。

注：该榜文主要记载判定灌溉水期为“十五日”轮灌并勒石永禁。

十九、芳溪堰古圳图

这是松古灌区唯一一幅古代水利工程布置图，据当时保存此图的芳溪堰圳董会成员的后代介绍，此图为清光绪七年（1881）绘制。该图为芳溪二堰古圳图，详细绘制芳溪二堰的水脉走向，且堰边设置的 6 个水碓房也画得清清楚楚。最为难得

芳溪堰古圳图

的是，这幅图清晰地画出了 50 多个“水演”（“演”通“眼”，即涵洞口），对于农业耕种具有重要的指导作用。

《通济堰志》

通济堰历史全记录

《通济堰志》是通济堰的历史记录，编纂的最早时间，虽有宋代之说，但因没有存世版本及确切文献印证，只能存疑，但南宋已有“堰簿”记录。南宋范成大《通济堰规》中“堰簿”条记载：“堰簿已行攒造，都工簿一面，堰首收管。田秧等第簿十面，请公当上田户收掌，三年一替……”明万历三十六年（1608），县令樊良枢制定的《丽水县通济堰新规八则》第八则“藏书”中记：“旧板堰书，流藏民间。致有增减错伪，人人聚讼。今板刻旧本，续置新条，搜求古迹既博，且劳官贮颁行，使知同文。后有私意增减者，天神共鉴我同志慎毋忽诸。”可见，在明万历三十六年前就已经有旧版堰志流藏民间，到万历三十六年才编辑成书。樊良枢汇集了通济堰历代碑记及相关资料，编辑刻成《通济堰志》，并由官方颁行。后又经清乾隆二十一年（1756）、道光二十四年（1844）、同治九年（1870）、光绪三十四年（1908）四次重修增补。今所见《通济堰志》系同治九年、光绪三十四年两次重修增补而成的。

清同治九年的《通济堰志》刊本不分卷，装订成 4 册，共 136 页，约 4 万字。堰志按时间先后汇集自宋以来的序、跋、碑记、告谕、堰规、文稿，记载了自宋以来 20 次大修的工程规模、兴修始末、经费筹措、夫役摊派、施工管理等情况，基本反映了宋代以后通济堰的发展沿革。光绪三十四年（1908）版《通济堰志》除收入同治九年《通济堰志》内容外，还增补了清同治五年（1866）至光绪三十四年与通济堰维修工程相关的告示、文移、批示、堰工、碑记、禁示等文献。《通济堰志》不但记叙沿革，而且重管理和维修，历代管理和维修上几次大的改进，均收录在内。如南宋乾道四年（1168）范成大订立堰规二十条，明万历三十六年（1608）樊良枢立新规八则、修堰条例四则，清嘉庆十八年（1813）知府涂以辀新立堰规四条，清同治五年知府清安立规二十四条、十八段章程，等等，为我们留下了珍贵的古代水

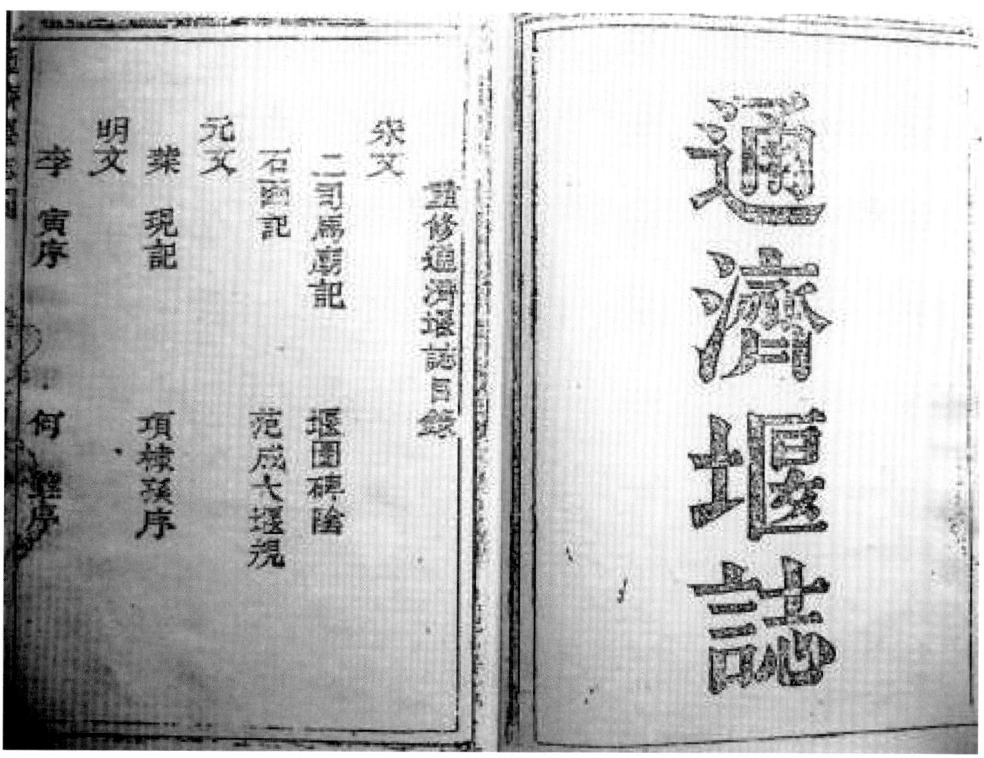
通濟堰誌

重修通濟堰誌目錄
宋文
二司馬廟記　堰圖碑陰
石函記　范成大堰規
元文
葉現記　項棣孫序
明文
李寅序　何鏜序

清代《通济堰志》书影（藏丽水市图书馆）

利管理法规，尤其是范成大订立的堰规二十条最为可贵。

清同治九年（1870）以前《通济堰志》的3个刻本已不见流传，所幸的是，每次重修，均是在原志的基础上进行增补，因此我们还能了解前几个版本的面貌。但堰志中也存在一些不足，如《清郡守规条》目录中列有24条，实际只收录23条；未收录清康熙三十三年（1694）的《重建通济堰碑记》（碑立在堰头村龙庙）；未收录清道光四年（1824）知府雷学海订立的《新规八则》（《道光丽水县志》有记载）；未收录清同治十三年（1874）的《丽水县正堂示碑》等。清同治九年（1870）版《通济堰志》，由王庭芝编撰，据悉仅在中国水利部水利科学研究院水利史研究所、浙江省图书馆古籍部、浙江省博物馆等单位尚有收藏。光绪三十四年（1908）版《通济堰志》由沈国琛为主汇辑，现在浙江图书馆古籍部、浙江省博物馆[宣统二年（1910）重印本]等处有收藏，丽水市博物馆等藏有复印本。

清赏堂前·碑刻

清赏堂前·碑刻

通济堰规碑

现存最早最详细的堰坝管理条例

范成大出任处州知州时，留下了农田水利史上著名的地方水利法规——《通济堰规》。范成大所立的《重修通济堰规》，又称《范石湖书通济堰碑》，是现存最早最详细的通济堰管理条例，不仅有力地保证了我国古代大型水利工程通济堰的相沿不废与持续发展，而且为研究我国的农田水利史和灌溉管理方式提供了较为典型和完整的史料。清《栝苍金石志》称“范公条规，百世遵守可也”，可见其价值所在，现为全国重点文物保护单位。

此碑现立于通济堰的詹南二司马庙内，碑高168厘米，宽92厘米，碑两面均刻碑文。碑阳碑额隶（楷）书“重修通济堰规”六字，碑文漫漶不清，长163厘米，宽87厘米。碑阴的碑文分上下两部分：上高83厘米，宽86厘米，续刻堰规，碑文漫漶不清，字径约2厘米；下高75厘米，宽86厘米，刻范成大行书的“跋语”，共14行，每行12—16字不等，字径约3.5厘米。因该碑的大部分碑文字迹模糊不清、不可识读，故在1988年从温州运回重新竖立时，将碑阴面尚可识读的范成大的“跋语”朝外展示。《栝苍金石志》卷五录有该堰规及跋语（府志为记略），堰规分堰首、田户、甲头、堰匠、堰工、船缺、堰概、堰

《重修通济堰规》 碑阳拓片

《重修通济堰规暨跋语》 碑阴拓片

夫、渠堰、请官、石函斗门、湖堰塘、堰庙、水淫、逆扫、开淘、叶穴头、堰司、堰簿共19条。该碑于南宋乾道五年（1169）四月望日，由右文林郎处州军事判官张澈立。据王尚庚跋语，谓“然规石虽存，字迹模糊难辨，今取相传堰志一书录之”，“石刻本有堰山一条，字既到落无从取证，亦仍堰志旧存十九矣”。

清赏堂前·碑刻

城隍庙碑

中国书法史上的篆书法帖

城隍庙碑，又叫“定风碑”，原立于缙云城隍庙内，现已移藏于缙云县博物馆。此碑刻于唐乾元二年（759），县令李阳冰向本县城隍祈雨有应之后撰文并书。

碑高 176.67 厘米，宽 116.67 厘米，碑文篆书 8 行，每行 11 字，末行 9 字，字体瘦长，字高不足 10 厘米，宽近 7 厘米。全文共 86 字，除六字剥蚀模糊外余皆清晰，记叙了祷雨、降雨、迁庙三件大事，言简意赅。

城隍庙碑

碑文曰：城隍庙，祀典无之。吴越有尔。风俗水旱疾疫必祷焉。有唐乾元二年秋，七月不雨，八月既望，缙云县令李阳冰躬祷于神，与神约日：五日不雨，将坟其庙。及期大雨，合境告足。具官与耆耋群吏，乃自西谷迁庙于山巅，以答神休。

原碑刻于唐乾元二年，至北宋宣和年间（1119—1125），因刀兵所及，碑石断裂。现存石碑系北宋宣和五年（1123）缙云县令吴延年据拓片重刻的，保存得颇为完整，唯题记下面立石人的官爵和姓名缺蚀三字。

李阳冰是“诗仙”李白的族叔，也是唐代著名的书法家、文字学家，他的篆书可与秦代李斯相媲美，其书贴是书法爱好者的必临之帖。因为有了这块碑，他的那场祈雨也名垂千古，中央电视台拍摄的大型纪录片《中国书法五千年》都专门介绍了这次求雨。而这块石碑，至今仍在中国书法史上大放异彩！

明人赵崡曾在《石墨镌华》中评价李阳冰《城隍庙碑》的书法：“余观其篆，瘦细而伟劲，飞动若神，欧阳公以为视他篆最瘦，余谓佳处正在此。”

现陈列在缙云博物馆内的城隍庙碑（正中居右）

清赏堂前·碑刻

周侯治水德碑

堰水有承　民始安蟠

松阳水利博物馆收藏了松阳历代先人留存下来的治水碑刻 14 方，它们真实地记载了历代治水人物、事件和古代水利治水建设、管理的机制与制度，反映了松阳先人对治水功臣们的崇高敬意，

周侯治水德碑拓片

给我们留下了丰富的历史资料，给予后人无尽的启示和力量。

《周侯治水德碑》于明万历二十五年（1597）刻立，碑高210厘米，阔81厘米，厚10厘米，为双面碑，天地及两侧均饰以云纹、水纹与图案纹，碑额篆书“松阳县周侯治水德碑”九字。碑正面刻周侯治水功绩，背面刻《百仞堰记双港渡记》。正面碑文主要赞颂时任松阳知县周宗邠的治水功绩，松阳人民感念其为松阳治水做出的贡献；反面碑文主要记载了筹集堰圳长效管理经费的“圳田制”和各灌区分片轮灌的“轮灌制”的详细内容。

该碑刻原立于松阳县水南街道吴氏宗祠，今藏于松阳水利博物馆内。

正面碑文如下：

周侯治水德碑（节录）

〔明〕项应祥

尝闻水之为害大，而治水之功难。当尧之时，洪水泛滥，下民共沼，弗护安居。尧忧举舜，舜忧举禹。禹殚敷治水，八年于外，三过不入，经历多艰，得收平成之绩。咸沐永祯之休，丰功伟绩，贻昌厥后，贵为天子，富有四海，夏社四百□□，罔非治水之功所致也。兹邑南横山吴坦之民，居百仞堰末流，历遭水患，荡额无纪。堰虽蒙筑，河流绝续，以致衣食无资，税征虚□，老幼惊惶，青壮思悬别土。

仁侯念及，台驾亲临，目睹其事，发仓赈贷，宽济助民；砥柱中流，杜绝水患。堰水有承，民始安蟠。功不在禹下矣。善待苍黎，□□□□缵缨奕世，亢灵长于四百载之大，举吾坦民也。

仁侯下车未几……

侯之公德，侯之令福，具有既乎。不佞与松接壤。松父老踵敝邑，念及其事，鄙无□□。侯之政声骏烈种种，与龚黄、卓鲁（治水兴农之循吏）相为辉映，则自有昆吾。在不佞，何敢质焉。

侯讳□□□□□，别号洪庵，□毗陵之世望云。

明万历二十五年岁次丁酉六月朔吉旦

爵□□□

堰长：吴朝仪、吴子翼、吴伯良、吴伯养、吴一元、吴有□

庶民：吴朝光、吴大山、吴大法、吴有忠、吴连元、吴伯信、吴伯英……立

注：项应祥（1554—1614），字汝和，号东鳌，浙江遂昌县城北隅人。明万历八年（1580）进士。初任福建建阳知县，后任华亭（今上海市松江区）知县，万历二十年（1592）升户科给事中，二十六年（1598）特擢为都督院佥都御史、应天巡抚。为官清正。

反面碑文如下：

百仞堰记双港渡记（节录）

水之于人，有利有害。何以见其为利也，天旱禾槁，非水无以资其生，百仞堰成，则有以得水利矣；何以见其为害也，溪涨人阻，非水有以贻其患，双港渡设，则有以济水之利矣。

其圳田渡租，圳次渡等，并列于后：

一、圳田

（一）圳次递年，何、徐、程、吴四坦，按

田分为□□，□□分该水三日半，何坦七日，徐坦三日半，程坦三日半，吴坦三日半。依次轮流，周而复始，毋得混乱，此为定规。

……

明万历二十五年六月吉旦立

百仞堰记双港渡记拓片

百仞堰记双港渡记拓片

清贫堂前·碑刻

大山葑分水题记

记载水事纠纷的典型案例

在清朝道光年间到民国时期，云和县小顺区石塘镇张庄村与丽水县（今莲都区）碧湖区鼎南乡（今大港头镇）横坑村是两县相邻的两个村子，有大山葑（大山峰）水流左右分流为两村农田灌溉之用，两村在历史上曾因水流分配不均产生过多次纠纷。

丽云、云和分水处示意图

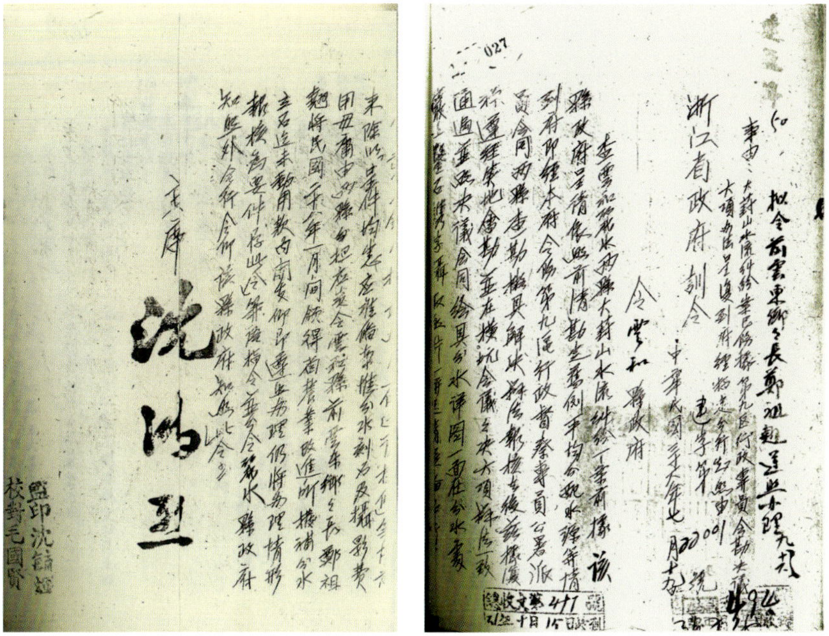

大山莳分水题记

据邻村尤源《尤氏家谱》记载，在清道光八年（1828），因旱灾两村开始发生分水纠纷，到道光十五年（1835）时，经云和、丽水两县知县勘明谕示，两村各半均分，此后多年相安无事。然而到了民国二十七年（1938）六月，丽水县（今莲都区）横坑村下游后桑坑受益农田所属均溪村村民何兰生、何元杰、何志等百余人，持械到张庄强行毁没原先设置的引水木笕等引水设施，张庄村40余亩农田枯槁，饮食水源无从汲取。石塘镇长余观进函告云和县政府，云和县长转报省农业改进所调处。经协商，改变原有均分方式，按其下游灌溉农田面积多少分配水量，丽水县占三分之二，云和县占三分之一。张庄村民痛感水量不够生活和农田灌溉之用，拒绝修筑堰首分水工程，矛盾未得到解决。直到民国三十六年（1947）

四月三日，经第九区行政督察牵头主持，两县县府、参议会、乡、保、村代表会勘，并在横坑召开会议，决定“分水处依照现有天然形势听其自然分布，丽、云两县任何一方不得拦截或凿深”等6项规定，并在分水处左边石块上刻上“丽云分水处，中华民国三十六年四月二日，左云和，右丽水”，右边石块上刻上“水流听其自然，不得拦截或凿深。浙江省第九区专员徐志道，丽水县县长侯轩明，参议员方达川；云和县县长徐正学，参议员徐观志”，并绘制详图、拍摄照片，作会议记录等两县会衔呈报，纠纷才得到解决。同年7月19日，浙江省政府以建字22001号训令批复“应准备案”。从此两县相邻两村用水的群众摒弃前嫌、和睦相处，再未发生过纠纷。

大山葑两县分水的摩崖石刻至今清晰完整，调解水事纠纷和水权争执的证据资料保存齐全，本案可以说明自古以来人们对水资源的依赖，这也是历朝历代采用正当途径和法律手段有效解决水事纠纷的典型案例。

南明山洪水题记

南宋洪水纪实

南明山摩崖题刻在丽水市区南侧、大溪南岸的南明山之上。南宋绍兴纪年的洪水题记在南明山高阳洞东侧口崖壁上，《栝苍金石志》卷五有著录。题字幅高约 145 厘米，宽 120 厘米，行书 5 行，每行 8 字，字径约 18 厘米，碑文曰：“大宋绍兴甲子、丙寅岁，洪水自溪暴涨，约高八丈，人多避于楼屋，误死者不可胜计。用纪于石，以告后来。”题刻纪事而不书名。清道光时的著名书画家王尚赓记语：“甲子为绍兴十四年，郡志误为绍兴十三年八月大水，而丙寅之水不书，据此可以补志之缺。括苍山高溪溜，而水口佛头诸山又多崭岩峭石，横截中流，每遇淫雨，辄有湮没之患。志凡五十五见，余二十年间，曾四遭此患，唯嘉庆庚申最酷，舟自城东南入城中，死者不仅以千计，附录于此。”此题刻为研究瓯江流域历史上暴发洪水的情况提供了重要资料，现为国家级文保单位，具有很高的历史、艺术、科学价值。

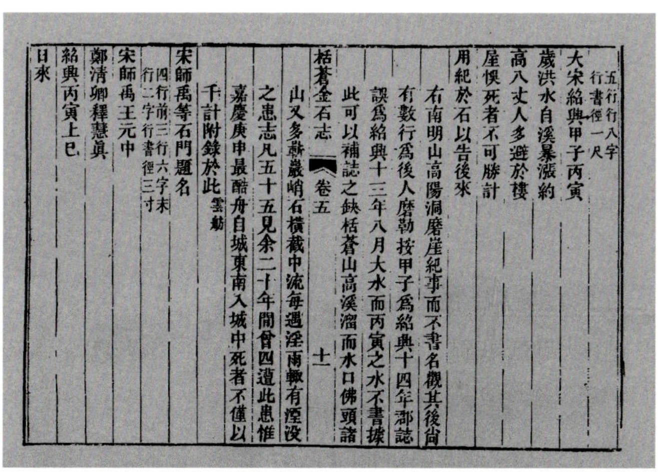
五行行八字 行書徑一尺
大宋紹興甲子丙寅
歲洪水自溪暴漲約
高八丈人多避於樓
屋悞死者不可勝計
用紀於石以告後來
右南明山高陽洞磨崖紀事而不書名觀其後尚
有數行爲後人磨勒按甲子爲紹興十四年郡誌
誤爲紹興十三年八月大水而丙寅之水不書據
此可以補誌之缺栝蒼山高溪溜而水口佛頭諸
栝蒼金石志 卷五 十一
山又多嶄巖峭石橫截中流每遇淫雨輙有湮没
之患志凡五十五見余二十年間曾四遭此患惟
嘉慶庚申最酷舟自城東南入城中死者不僅以
千計附錄於此 雲勣
宋師禹等石門題名
四行前三行六字末 行二字行書徑三寸
宋師禹王元中
鄭清卿釋慧眞
紹興丙寅上巳
日來

南明山洪水题记

小部新声·习俗

小部新声·习俗

青田鱼灯舞

东风夜放花千树　一夜鱼龙舞

青田鱼灯舞是浙江省最具代表性的鱼灯类传统民间舞蹈，主要流传于青田县，是青田渔文化和民间艺术相结合的产物。

灯舞古已有之，如清代有以灯为道具舞出文字的“灯舞”记载。青田群众每逢喜庆节会都以舞鱼灯为乐。以水产品的形象制作的青田鱼灯以道具制作精美、舞蹈形象生动、表演粗犷奔放闻

青田鱼灯舞在天安门广场表演

名。作为一种古老的传统舞蹈，表演时以两颗红珠领头，称为“头鱼”“二鱼”的两条红鲤随后，接下来鲳鱼、鲢鱼、草鱼、鲫鱼、田鱼、塘鱼、石斑鱼、脊甲鱼（虎鱼）、金鱼、青龙鱼、滩婆、虾、河豚、金蟾、蟹等依次上场。鱼灯舞以走阵为主，众鱼时而起伏游曳，时而上跳下蹿，时而侧身泛游，时而碰头摆尾，活脱脱一幅水族大会的生动图景。鱼灯舞走阵中，舞得活，舞得快，活灵活现地突出不同水产品的个性：如舞鲤鱼者，时而起伏摇曳，时而上蹿下跳，谓之“鲤鱼跃龙门”；舞河豚灯者，头朝下，尾朝上，舞者不停地转动河豚的头，下蹲小跳。阵法则有“编篱阵”“二龙喷水阵”“珂三拗”“四角循”“五梅花”“六角循”“鲤鱼抢珠”……众鱼“各司其职”，却又配合默契，给观众表演着一场场难以忘记的视觉盛宴。

鱼灯舞的发明人据说是籍贯青田的明朝开国功臣刘基。元末群雄竞起，居住在青田县南田的刘基暗地招募义兵，并大力发展当地鱼灯中鱼的种类和数量，同时把大量阵图融入其中，由此形成带有军事操习风格的青田鱼灯舞，并以此操习兵阵、训练士兵。刘基后来率部投奔朱元璋，辅助其建立明朝，成为明朝的开国功臣。从此，青田鱼灯舞在当地兴盛起来，每逢年节（尤其是元宵节）或在祈雨、祭祀、乞求丰收等仪式上，都会进行灯舞表演。

改革开放以来，在文化主管部门的大力扶持下，历经几代文化工作者的传承和发展，“青田鱼灯”的名气越来越大，曾参加首都国庆50周年天安门广场中心表演区演出、第五届国际民间艺术节演出、第七届中国艺术节演出和第十三届群星奖广场舞蹈演出等多次国内国际文化艺术展演，赢得了“天下第一鱼”的美称。

青田鱼灯舞是青田千年稻鱼共生系统的重要组成部分，也是青田最古老、最具地方特色的传统民间舞蹈，2008 年 6 月被列入《第二批国家级非物质文化遗产名录》。

72 岁的青田人尹洪田为第一批（2008 年）浙江省非物质文化遗产项目民间舞蹈类青田鱼灯代表性传承人；2018 年 5 月，郭秉强又被确定为第五批国家级非物质文化遗产代表性项目代表性传承人。郭秉强，1940 年生，浙江青田人，1962 年就开始调查、搜集“青田鱼灯舞”的相关信息，后拜民间艺人陈国光为师学习“青田鱼灯舞”阵图和音乐，其撰写的《青田鱼灯集成》入选《中国民族民间舞蹈集成》。1992 年退休后去巴西参加对外文化艺术交流活动，向当地青田籍华侨传授“青田鱼灯舞”技艺。2005 年回国，依旧经常到山口、阜山陈宅、高市、海溪、温溪等地进行鱼灯舞技艺辅导培训活动。

目前，青田各地已发展起 20 多支男子青壮年、老年、少儿及女子鱼灯表演队，经常开展文化活动，并形成了能适宜舞台、广场、踩街等不同场地、不同流派、不同风格的表演形式。

小部新声·习俗

石浦船帮信俗

浮沉数百年的响亮名声

早在宋元时期，瓯江帆船就把龙泉青瓷、云和雪梨、景宁惠明茶、松阳烟叶、处州白莲等特产运到温州出海口，再沿“海上丝绸之路”转运至西方国家。八百里瓯江因此成为“海上丝绸之路”的重要支线。

历史上的瓯江流域水流湍急、险滩无数，船只经常触礁沉没，再加沿岸常有山贼洗劫过往船只，因此为确保平安，船工们常选择结帮出航。

石浦帆影

船帮信俗展示馆内景

出航时，少则四五船为一帮，多时一二十船为一帮，并推选经验足、能力强、有号召力的船工担任帮头，各船通力协作，过急流，闯险滩，战山贼，整段行程安全了不少。这就是最初的“瓯江船帮”。随着商业的不断发展，上到龙泉，下至温州，陆续形成了多个船帮，有青田温溪船帮、丽水大水门船帮、云和石浦船帮等，这当中以云和石浦船帮最为著名。

石浦是云和县的一个小村落，属于紧水滩镇，历史可追溯到春秋战国时期，是个名副其实的古镇。这里位于紧水滩大坝下游 3 千米处，距云和县城 12 千米，地处瓯江上游龙泉溪的北岸。石浦村村落古典质朴，泥墙黑瓦居多，依山傍水，风

2016 年的石浦

光秀丽，景色宜人。石浦村是瓯江船帮的发祥地，位于八百里瓯江的黄金水道上，石浦村村民历代都以撑船航运为业，这个小小的村落在南宋时便成了“黄金水道”上一处不能忽视的所在。

瓯江是浙西南的母亲河，木制帆船则是瓯江的灵魂。木制帆船中间大，两头尖，以杉木和杂木制作，上盖箬篷，前部竖一桅杆，杆上挂帆，顺流用桨，逆流用篙，顺风则扬帆。浙南山区土特产丰富，通过瓯江航运将树木、竹子、柴炭、毛棕、粮食、茶叶、药材、水果等运送到山外，然后把食盐、酱油、煤油、布匹、陶罐等日用品和海产品运回当地，这构成了船帮船民的日常生活。

在瓯江上行船，顺利的一般两三天即可到达

目的地，但一个来回往往要十天半月。早期少则三五人、多则十多人结帮行船，以防山贼强盗打劫，后来结成船帮的理由则更多的是船工们为了在过急流、闯险滩、避暗礁时互帮互助，还有出于商业资源共享的需要，比如哪里有货源、该收多少运费等，就自然而然形成了一个帮会。

石浦是瓯江船帮的发祥地，民国至中华人民共和国成立初期，石浦本地就有船只 120 条，最多时有 200 余条。这些船只密密匝匝，停泊在石浦码头。

石浦村附近航道的上游有石浦滩、棺材峡、紧水滩三大险滩，船帮从温州逆航 10 余天，拉纤上滩无数次，船工们都累了，在过这些险滩前，都要停船下锚，休整几天。这片江水冲击形成的平坦之地，成了船帮人最理想的栖息家园。他们挣了一些钱后，便在这里购置田地、山林，建造居所，经过几代船帮人的苦心经营，石浦便成了一个集镇，久而久之，石浦村发展成为一个名副其实的船帮古镇。村民们在村前建了一条防洪大堤，堤上是一排吊脚楼，堤下散布着一些埠头。一年四季，船帮一拨一拨地来，又一拨一拨地走，从不间断。村里大街小巷纵横交错，街道两边店铺林立、商贾云集，叫卖声、讨价还价声不绝于耳。

石浦船帮自成派系，还建立了自己的帮会会所。会所占地 500 多平方米，还建有一座庙宇、一座戏台，庙宇内供奉着“天妃娘娘”神像。每年农历正月十四到十六日，石浦都要举行庙会，庙会期间，船帮人信奉的三位“女神”——天妃娘娘、护国夫人、南国夫人相继出巡，唢呐声、鞭炮声此起彼伏……

但从 20 世纪七八十年代开始，瓯江上建起了许多水电站，大坝拦截了瓯江，瓯江水路被切断，航道阻塞，小帆船无法进行长途航运。到了 20 世纪 90 年代，因兴建石塘水库，历经沧桑的石浦码头沉入水底。同时，随着公路交通的发展，传统的瓯江船运业失去了生存的土壤。如今，石浦的船帮会所虽已不再为行船航运服务，但石浦的船帮文化却成了乡村旅游业中的亮丽名片。

小部新声·习俗

双龙庙会

穆龙公抬头二月二

南朝萧梁天监四年（505）兴建的通济堰工程灌溉孕育了碧湖平原，成就了灌区的农业发展和商业繁荣，同时也催生了丰富多彩、形式多样的农业文化、商业文化、民俗文化，最终孕育出独具特色的碧湖民俗——双龙庙会（又称西堰庙会）。

庙会舞龙 / 金献光　摄

双龙庙会的历史可以追溯到隋唐时期，碧湖人民为纪念通济堰的首创者詹、南二司马，在通济堰坝之侧兴建龙庙，春秋致祭。北宋元祐时的处州知州、绍兴人关景晖所著《通济堰记》云："堰旁有庙，曰'詹南司马'，不知其说欤？墙宇颓圮，相貌不严，报功之意略矣。"至明代，相传堰头村前后出过很多有功名的人才，为此村里盖了一座"文昌阁"，又塑了文奎星的塑像，年年举办庙会。后来村民们把龙庙的庙会和文昌阁的庙会合并成了"双龙庙会"。

虽然历经朝代更迭，庙会的形式规模各异，内容也各有侧重，但基本还是以纪念修筑通济堰的詹、南二司马等历代先贤，贯彻通济堰堰规和欢庆丰收等主题为主。双龙庙会流传至今，活动形式也随着生产发展和社会变革而不断变化。由于种种原因，双龙庙会曾一度停办，直到近年才由村里和"古堰画乡"景区一起重新举办。以前规定庙会都在农历六月初一举办，因为这个时节可以吃到新米饭了，村民们必须把第一碗新米饭祭祀给"穆龙公"。还有一个原因是，通济堰历来都设有管理机构，每年的这个时候都要开一次董事会议，在开完会后村民们还要摆上几桌，同庆丰收。现在，堰头村一带把双龙庙会的时间定在了"二月二"龙抬头的那一天。因为在中国的古代传说中，龙是象征祥瑞的神兽，也是行云布雨的神灵，"二月二"则是龙欲升天活动的日子。每年的"二月二"总在惊蛰前后几天，早在《左传》中就有"凡祀，启蛰而郊，龙见而雩"的记载，意思是到了惊蛰时节，龙就要出现了，这时得举行祈雨的祭祀活动。"二月二"祭拜龙王、舞龙灯，

穆龙公出巡 / 杨建亮　摄

便是古人祈雨祈福的仪式。

庙会当天，巡游队伍到龙庙祭拜后，请出穆龙公木雕像出游。出游的方队排列是这样的：由首事者在最前面带队，再由香炉开路；香炉后面是抬三牲的队伍，三牲供品为两只猪头、两头全羊和两只鸡；三牲的后面就是穆龙公的木雕，雕像后面紧跟着十几面大龙旗，龙旗后还有一百多面小旗队，小旗队后面还有吹打队、舞龙队、腰鼓队、秧歌队、划龙船队等一些表演队伍。用老百姓的话说，这个活动不仅为了纪念历代修堰治水的先贤，也为了祈福家乡在新的一年里风调雨顺、五谷丰登，更提醒着下一代要牢记传统文化，记住我们的根在哪。

千百年来，通济堰作为灌溉碧湖平原 3 万多亩良田的生命之源，对当地人民生产生活的重要性不言而喻。因此始建通济堰的南朝詹、南两位司马，及此后历代对通济堰进行疏浚、修缮的范成大、何澹、穆龙等多位治水先贤，自然成为当地人纪念称颂的对象。在那么多位先贤中，为什么庙会活动要专门抬一尊穆龙公的塑像呢？有着90多岁高龄，长期负责龙庙管护的诸葛金文老人，讲述了一个感人的修堰传说，解开了我们的这个疑惑：南宋开禧元年（1205），民间称为“何丞相”的何澹奏请朝廷调兵3000，疏浚处州通济堰，并提议将原本易损的“木筱坝”改为坚固的石坝。但重筑石坝要有人下水摸清水情、定位基石，危险性极高。筑坝的军队中有一位名叫穆龙的青年，水性最佳，他主动请缨潜入湍急的溪流中摸清水下漩涡的位置。在下水勘察时，他甚至选择了牺牲自己，以血肉之躯堵住汹涌的水下暗流，石坝才得以最终建成。穆龙的义举让何澹痛哭欲绝，也让当地百姓永世铭记，“奉为神祇”，是以有了龙庙庙会请穆龙公出游的传统。

紫绫册里·技艺

紫绫册里·技艺

龙现梯田稻鱼共生系统

全球农业文化遗产保护项目

龙现梯田位于青田县方山乡龙现村，距县城20千米，背倚奇云山，与温州的瑞安市和瓯海区交界。龙现梯田历史悠久，距今已有1000多年。梯田层次分明，田间渠系纵横交错、自然分布，140多个不同类型的蓄水塘（集水池）星罗密布、错落其间，形成较为完整的梯田灌溉系统。最让人叹为观止的是，这里还有一种水稻与田鱼共生的生态系统，被联合国粮农组织列为首批四个“全球重要农业文化遗产保护项目”之一。

龙现梯田

龙现村坐落在浙西南群山一隅，群山环抱，层峦叠翠，植被覆盖率达到98%。进入村庄，但见绿树荫荫，溪水环绕，良田成片，房舍毗邻，宛如藏在深山的“世外桃源”。据传说，龙现村原名坳前村，因曾有真龙出现，后改名“龙现村”。顺着千年光阴，稻田养鱼是龙现村祖辈世代相传的种养习惯。目前，全村共有稻鱼种养面积495亩，水塘140余个，“有水的地方就有鱼，房前屋后都养鱼”，龙现村成了一个“真龙曾显现，田鱼当家禽，耕牛不用绳，四季无蚊子”的神奇之地。

龙现村的特色首先在于梯田。梯田是在丘陵山坡地上沿等高线方向修筑的条状阶台式或波浪式断面的田地。中国至少在秦汉时期就开始有梯田。梯田的通风透光条件较好，有利于作物生长和营养物质的积累。水稻的种植需要大面积的水塘，而中国东南省份却多丘陵，缺少种植水稻的平原。为了解决粮食问题，农民们构筑了梯田，用一道道堤坝涵养水源，使在丘陵地带大面积种植水稻成为可能，解决了当地的粮食问题。

龙现梯田是一项远古的水利灌溉工程，对于梯田建设来说，通过开沟、筑埂，修筑成一层层水平台阶，利用截短坡长、减缓坡度的方法，改变原有坡面的局部坡度，具备了从时空上合理调控雨水资源的独特功能，避免了坡地耕地的水土流失，达到蓄水、保土的目的。

而龙现梯田更大的特色在于拥有水稻与田鱼共生这样一种自我平衡的生态系统，这种生态系统由于没有化学农药的投放，对周遭的生态环境起到了重大的保护作用，是各国专家一直在坚持要保存的传统农业模式。

龙现梯田稻鱼共生灌溉系统

田鱼原来是鲤鱼的变种，农民经山溪引导鱼儿进入稻田中，鲤鱼种经多年驯化成为独特的田鱼，其形态比我们常见的鲤鱼细小，颜色有橙红、花斑、白色、黑色等，鱼鳞柔软，是当地人赖以为生的食材。这种在水稻田养鱼的耕作系统，名为“稻鱼共生”。作为中国南方一种长期发展的农业生态系统，青田龙现梯田的稻鱼共生系统堪称其中的杰出代表。

每逢春季插秧，农户会将田鱼鱼苗与秧苗一同放进田里，使田鱼与水稻一同生长。水稻与田鱼之间有种相互依存的关系。刚插秧时鱼苗还小，它们不会影响水稻生长，到了水稻的分株开始成熟，田鱼才长成，开始懂得啄食稻杆下多出来的谷以及周边的杂草，使稻米生长所需的营养更为集中。田鱼日常在田里畅游，可以为水稻提供天然的肥料，也可翻松泥土并增加水中的氧气含量；水稻引来的各种昆虫又为田鱼提供了食物。这是一个生生不息、自我完善的食物链模式，形成一个绿色的生态循环体系。根据调查显示，当稻田载鱼量达每公顷 1500 公斤以上，养鱼一年后土壤中的氮、磷、钾含量可分别提高 57.7%、78.9% 及 34.8%，土地的养分大大提升，更有助稻谷增加 5%—15% 的产量。

无论是种水稻，还是养田鱼，最关键的因素是“水”。古往今来，争“田水”是引发农村矛盾纠纷的主要原因之一。由于地处山区，龙现村村内稻田多为梯田，独特的地势为稻田提供了流动的“活水”，水可以在上下田、左右田之间流动。稻田养鱼要求水源充足、水质良好、进排水方便，这就离不开引灌水系的合理布局。龙现村有一种

开犁

稻鱼共生系统十五周年庆活动之“青秧·播梦田”

特殊的灌溉分水设施，名为“十三闸”。所谓“十三闸”，就是在全村的水源头安装一块长3米、宽1.2米的石质水槽，再在水槽边沿凿出13个大小不一的分水口，其中最大的有9厘米宽，最小的仅2.5厘米，水流沿各缺口分流到农田。这些分水口是根据不同区块的稻田引灌面积测算流水量，为了避免分水不均而特设的。缺口的大小决定出水的流量，从山上引来的水就会在此按照预设的比例分流到面积不同的各片稻田里。

因此，不论来水的总流量是多是少，灌溉区内的稻田都会按比例得到田水，从源头抓分配，设施共有、资源共享，确保了分水公平，水资源不浪费、不减流。“十三闸”自清朝中期设置以来，其公平合理的分水制度就深得民心，在两百余年的时间里，龙现村从未发生过稻田引灌纠纷。

渠水长流，石槽依旧。从鱼苗孵化、犁地育秧，到喜获丰收、晾晒归仓，“十三闸”默默守护着龙现村的祥和与安宁，至今仍然发挥着管理田间水量的重要作用，凝结了古人与水和谐相处的治水智慧，不仅浇灌出丰收年景，还孕育了灿烂的农遗文化，闪烁着文明之光。

1000 多年前的农民引溪水灌溉，溪水中的鱼在稻田中自然生长，鱼为水稻翻土，稻田为鱼提供食料，这种鱼稻共生的种养方式一直沿袭至今。1999 年，龙现村因为稻鱼共生系统被农业部授予“中国田鱼村”称号。2005 年 5 月 16 日，龙现稻鱼共生系统更是以其“独特的、重点的、巧夺天工的”系统，被联合国粮农组织列为首批四个“全球重要农业文化遗产保护项目”之一。

紫绶册里·技艺

放排技艺

紧赶上慢赶上　山呼海啸我来也！

瓯江是浙江省第二大河，历史上曾名永宁江、永嘉江、温江、慎江等。瓯江发源于龙泉市与庆元县交界的百山祖西北麓锅帽尖，自西向东贯穿整个浙南山区，流经丽水、温州等市，干流全长 388 千米，流域面积 18028 平方千米，从温州市流入东海。瓯江干支流呈树枝状分布，大多与山脉走向平行，河谷两岸地形陡峻，降水汇流快，滩多弯多，洪水暴涨暴落。

八百里瓯江，流域内森林密集，20 世纪 80

放排技艺

旧日放排人

年代之前主要依靠水运来输送木材，水运又主要依靠扎放木排来运输。放排不但是个体力活，而且技术要求很高，风险也挺大，却是以前将龙泉、云和等地的大量木材源源不断地运到丽水、温州等地的主要手段。

放木排首先要把砍伐下来的原木运到江边，这是一项十分繁重的工作。山路崎岖，树大体沉，一些体弱多病的运木人冻饿交加，就这样累死在山林里。运到江边的原木则被穿成木排。木排是用藤葛或绳索连接起来的，不管用什么东西连接，必须保证结实、牢不可破，否则在放排的过程中一旦散开，就前功尽弃了。

放排有个不成文的规定，每根 3 米长的原木为 1 连，每 11 连为 1 排，每 5—6 排为 1 条，穿成的木排少则 5—6 立方米，多则 20—30 立方米。在木排的尾部设有木棹，以便掌握航向。木排穿好后，就放在江边等江水上涨将木排漂起，才开始流放。

放木排不能随便放，要视水势而定，水大水小均不能放，只有在水涨到岸边长草的地方，才是放排的最佳时期。待一切准备就绪，随着一声“开排了”的吆喝，工人们解开缆绳，撑竿子、搬棹一齐上阵，木排驶离“排卧子”，浩浩荡荡地向大江的主流驶去。木排的速度很慢，几乎与江水的流速一致，一天也就能行驶几十里路程，每个班组一个夏天最多能走三趟排。

开排、停排时的场面十分壮观。如果要停排，排工们需站在木排的边缘，将大棹插入水中，手握棹柄，用骑马蹲裆式，双臂随着身体有节奏地左右扭动大棹，使出浑身解数迫使木排向岸边停靠。停排可不是件容易的事，在上游几里的地方就得做好准备，排工搬动大棹从江心的大流经二流缓缓向岸边靠拢，然后驾小船拽着长长的钢丝缆绳提前上岸，系在岸上的大树或木桩上，停排和停船一样，要将排首和船头一样迎着水流。

放排工最头疼的就是木排搁浅。江道水流变化莫测，有主流也有扫边流，木排一旦抢滩搁浅，就得用一周的时间将大排分解成小片，再用小船牵引到下游水流平稳的地方重新组合，既费力又费时。

放木排的人有很多口头忌讳，像“翻了”“散了”“完了”之类的话绝对不能说，有的船工甚至吃鱼仅吃一面，另一面动都不动，就为了避开那个令人想想就后怕的“倒霉字”。由此可见，高风险的放排生涯给船工们造成了何等沉重的心理阴影！当时流行一句顺口溜：“紧赶上，慢赶上，一年准有三千鬼祭江！”放排的惨烈情景可想而知。

技艺有传承

一条木排为一个单元，一般由两至三人负责，经验丰富的老船工担任老大，相当于掌舵的；相对年轻有力的则负责撑竿子、划桨等工作，风吹日晒，十分辛苦。过去，在云和掌握放木排技术的劳工大多居住在瓯江沿岸，如赤石、梓坊、龙门、石浦、滩下、双港、规溪等村都有很多村民在瓯江上以放排为生。

紫绶册里·技艺

庆元木拱桥传统营造技艺

廊桥之都的『天工开物』

庆元县素有“古廊桥天然博物馆”和“廊桥之都”的美称。庆元木拱廊桥具有全国数量最多、历史最悠久、历史沿革最具连贯性的特点，中国现存寿命最长的如龙桥、单孔廊屋最长的黄水长桥、单孔跨度最大的兰溪桥、有史料记载时间最早的木拱桥之一的双门桥（原名临清桥）和甫田桥均在庆元境内，堪称当世一绝。诸多廊桥镶嵌在庆元的群山之间，或凿石为梁，或叠木为拱，

2018 年庆元县木拱桥技艺培训班现场

传承人胡淼正在造桥

或横跨在悬崖峭壁之上，或静卧于小溪碧波之上，与周围的青山绿水融为一体，构成一幅幅精美的画卷。

廊桥，别名风蜈蚣桥、虾姑桥，是在桥面上盖建廊屋而形成的特殊桥梁。根据桥体构造和用材不同，又有木拱廊桥、木撑架廊桥、木平梁廊桥、石拱廊桥之分。其中木拱廊桥（又称喜鹊窝桥）不仅是中国传统木构桥梁中技术含量最高的品类，在世界桥梁史上也绝无仅有。而庆元木拱廊桥的历史沿革最具连贯性，宋、元、明、清各朝代建造的木拱廊桥在庆元境内均有分布。

据《光绪庆元县志》载，当时庆元境内有宋朝以来修建的各式廊桥230多座，现存于庆元境内的各类廊桥仍有100多座。

庆元木拱廊桥构造科学、造型美观，是古典建筑艺术中的奇葩。木拱架部分，用数十根粗大圆木纵横交错成拱，形似“喜鹊窝”。整个拱架不用一钉一铆，“八”字型榫卯结构体系具有抗压、抗侧移的作用。木拱架与廊屋连接部分用桥两端的四根“将军柱”（也叫天门柱）连接，从木拱架底垫木直通廊屋顶部，使廊屋与木拱架浑然一体，同时将重心下移至底，稳定重心。桥面板上依次铺箬叶、木炭、沙石料，最后砌鹅卵石或香糕砖，具有通风、散气、防腐的功效。

庆元木拱桥的营造技艺具有极高的研究价值，它是以人对环境以及结构力学认知体系为基础，采用原木材料，使用传统木建筑工具及手工技法，运用编梁等核心技术，以榫卯连接构筑成非常稳固的拱架桥梁的技艺体系。这种营造技艺包括选桥址、建桥台、测水平、搭拱架、上剪刀苗、立马腿、架桥屋等重要步骤，其核心技术是搭建拱架。

木拱桥的建造设备有水架柱、天门车（手绞车），都为木制。伴随着木拱桥从动工兴建到完工的整个过程，还产生出一系列文化民俗活动，有择日起工、置办喜梁、祭河动工、上梁喝彩、

丽水市多彩非遗四季行之非遗夜市活动

外国友人在研究廊桥原理

取币赏众、踏桥开走、上梁福礼、完桥福礼、安置神龛等。木拱桥的建造由一名主墨师傅指挥，其他木匠协助操作完成。木匠工艺按照严格的程序，通过口头传授和个人示范流传下来。这种木拱桥传统营造技艺可考证的历史有1000年之久。最早出现在文献记载中的木拱桥是中国北宋时期《清明上河图》中的汴水虹桥，其桥无柱，居然单拱跨越宽达16.6米宽的汴河水面，宛若长虹。但据庆元县大济村《吴氏宗谱》记载，早在大济吴氏先祖吴崇煦迁入之前(1004)，大济村有临清、莆田两社，社坛就设在临清桥和莆田桥上。也就是说临清桥和莆田桥的始建年代应在公元1004年之前，比《清明上河图》中的虹桥还要早100

多年。

到了明清时期，木拱桥传统营造技艺在中国南方的福建、浙江等地流行，且工艺上有了一定的发展，如加盖廊屋、增加剪刀撑等。特别是清代，浙江、福建境内的木拱桥分布更为广泛，有200多座，以此为生的工匠有500多人，工艺世家有30多支。后来由于社会的剧烈变革，以及经济与技术的高速发展所带来的冲击，木拱桥传统营造技艺日益式微。据调查，从1949年到1999年的50年间，浙江、福建两省因自然与人为原因损毁的木拱桥超过现存的总量。随着分布在福建宁德周宁县、寿宁县、屏南县等地的木拱桥主墨工匠相继去世，曾独立主持建造木拱桥的主墨工匠现存世者屈指可数且大多年事已高，导致木拱桥传统营造技艺的传承非常困难。

2008年6月，“木拱桥传统营造技艺”由庆元县申报，被列入《第二批国家级非物质文化遗产名录》。2009年10月，由浙江省和福建省联合申报的“中国木拱桥传统营造技艺”被联合国列入《急需保护的非物质化遗产名录》。

庆元县木拱桥传统营造技艺项目的代表性传承人为胡淼，在每年的非遗传承活动中，他都会定期开展技艺培训与展示活动。庆元的木拱桥传统营造一直延传着古老的习俗，新桥落成时均要举行传统的圆桥仪式，截至目前，庆元廊桥工匠们新建的木拱廊桥有40多座。